KOMPAKT-WISSEN ERDKUNDE

Spielbauer · Winkler

Allgemeine Geografie
Regionale Geografie

STARK

www.stark-verlag.de
1. Auflage 2006

Vorwort

Liebe Schülerinnen und Schüler,

dieser Band aus der Reihe Kompakt-Wissen enthält einen Überblick über die wichtigen Themen der **allgemeinen** und **regionalen Geografie**. In der allgemeinen Geografie werden prüfungsrelevante Themen der physischen und Wirtschaftsgeografie behandelt. Die Kapitel der regionalen Geografie umfassen Deutschland, Europa, GUS und USA. Einen besonderen Blick richtet das Buch auf Ostasien bzw. die Entwicklungs- und Schwellenländer.

Fakten, Zusammenhänge und Prozesse sind klar strukturiert sowie nachvollziehbar und verständlich erklärt.

Die Kapitel sind übersichtlich und in gut lernbare Abschnitte eingeteilt sowie prägnant und präzise auf die Anforderungen eines zielgerichteten Lernens bezogen.

Die **farbliche Hervorhebung** zentraler Begriffe und Definitionen erhöht die Einprägsamkeit und erleichtert die Wiederholung.

Tabellen, **Schaubilder** und **Karten** veranschaulichen die Sachverhalte, fördern die schnelle und sichere Einordnung der Inhalte und ermöglichen eine konzentrierte und kompakte Aneignung der Fakten.

Die klare Struktur und Gestaltung ermöglichen die schnelle Klärung von Inhalten und Begriffen, die zielorientierte Wiederholung von Prozessen und Zusammenhängen und die effektive Vorbereitung auf mündliche Prüfungen, Klausuren und das Abitur.

Wir freuen uns, Ihnen bei der Anwendung Ihrer Kenntnisse und Ihres Könnens eine wertvolle Hilfe geben zu können, und wünschen Ihnen viel Freude bei der Arbeit mit diesem Buch!

Eduard Spielbauer

Ulrich Winkler

Vorwort

Physische Geografie

Im Kapitel physische Geografie werden die wichtigsten **naturräumlichen Grundlagen** erläutert. Dazu gehören der Aufbau der Erde sowie die endogenen Kräfte (Plattentektonik) und exogenen Kräfte (Verwitterung und Erosion), die die Oberfläche unseres Planeten gestalten. Außerdem werden die Grundlagen des Klimas und die dadurch bedingten Klima- und Vegetationszonen, aber auch die Ursachen für regionale Abweichungen besprochen. Zudem wird die Entstehung der wichtigsten Bodentypen in Abhängigkeit von Klima und Vegetation erläutert und auf wichtige Aspekte der Hydrosphäre eingegangen.

Zusammen stellen diese Faktoren die Basis für jegliches geografisches Grundwissen dar, mit dessen Hilfe es möglich ist, **überregionale Zusammenhänge** zu erkennen und **regionale Besonderheiten** zu erklären. So gelten beispielsweise für Amazonien und Zentralafrika dieselben oder zumindest sehr ähnliche Gesetzmäßigkeiten für Klima, Böden und Vegetation. Deshalb genügt es auch für die im Abitur meist geforderte Behandlung lokaler Themen, die naturräumlichen Zusammenhänge im Allgemeinen zu kennen, weil sich die naturräumlichen Gesetzmäßigkeiten unter Berücksichtigung lokaler Faktoren, wie z. B. dem Relief, auf jedes Gebiet dieser Erde übertragen lassen. Somit ist es überflüssig, alle physisch-geografischen Aspekte für jedes einzelne prüfungsrelevante Land zu lernen, was zeitlich kaum machbar ist und darüber hinaus den Blick für die Zusammenhänge erschwert.

Auf Landwirtschaft und Tourismus, also die Nutzung des Naturraums und den Umgang des Menschen mit Naturgefahren wird jeweils speziell oder auch exemplarisch in den Kapiteln zu den einzelnen Ländern bzw. Großräumen eingegangen.

Ergänzt werden die naturräumlichen Grundlagen durch die für den gesamten Globus und die Menschheit relevanten Prozesse des Treibhauseffektes und der Zerstörung der Ozonschicht, die für die **Zukunft des Planeten** eine große Bedeutung haben.

1 Reliefsphäre

1.1 Aufbau der Erde

Die Erde setzt sich aus mehreren Schalen zusammen: **Erdkruste**, **Erdmantel** und **Erdkern**, die sich nach Dichte, Temperatur und Hauptbestandteilen unterscheiden. So besteht die Erdkruste im Bereich der Ozeane hauptsächlich aus dem leichteren Silizium und Magnesium, während schwere Materialien wie Eisen und Nickel aufgrund der Schwerkraft in den Erdkern abgesunken sind. Dichte und Temperatur, aus deren Verhältnis zueinander sich ergibt, ob bestimmte Bereiche fest oder zähflüssig sind, nehmen mit zunehmender Tiefe zu, allerdings nicht kontinuierlich. Dies führt dazu, dass Erdbebenwellen im Bereich von **Diskontinuitäten**, den Grenzbereichen, an denen unterschiedlich dichte Schalen aufeinander treffen, ihre Richtung und Geschwindigkeit ändern (ähnlich wie Lichtstrahlen, die auf die Wasseroberfläche treffen). Aus der Messung dieser Veränderungen lassen sich Rückschlüsse auf den Aufbau der Erde ziehen:

Die Erdkruste
Sie ist unter den Ozeanen zum Teil nur 6 km, unter Gebirgsstöcken der Kontinente bis über 60 km mächtig, da sich ähnlich wie bei einem Eisberg der größte Teil der Masse unter der Oberfläche befindet. Je höher ein Gebirge ist, umso weiter reicht die Erdkruste auch unter dem Gebirge in die Tiefe. Sie bildet zusammen mit dem festen, obersten Teil des Erdmantels die bis zu 200 km dicke **Lithosphäre**, die aus verschiedenen Platten (z. B. Eurasische, Afrikanische, etc.) besteht, die sich in verschiedenen Richtungen zueinander bewegen (vgl. Tabelle S. 4).

Der Erdmantel
Die Lithosphärenplatten schwimmen auf der **Asthenosphäre**, dem zähflüssigen Teil des oberen Erdmantels, der bis in ca. 700 km Tiefe reicht. Die in der Asthenosphäre auftretenden **Konvektionsströme** versetzen die auf ihnen schwimmenden Lithosphärenplatten in Bewegung (**Plattentektonik**, vgl. 1.2).

Konvektionsströme entstehen, wenn heißes Magma aus dem Erdinneren aufsteigt, an der Unterseite der kühleren Lithosphäre abkühlt und daraufhin wieder absinkt. In der Tiefe nimmt die Temperatur des

Magmas erneut zu und es beginnt wieder aufzusteigen, wodurch der Kreislauf der Konvektionsströme geschlossen wird. Der untere Mantel bis in eine Tiefe von ca. 2 900 km ist fest.

Der Erdkern

Während der innere Erdkern bis zum Erdmittelpunkt in 6 370 km Tiefe fest ist, ist der äußere Erdkern zwischen 2 900 und 5 100 km Tiefe zähflüssig. Die in diesem Teil auftretenden eisenreichen Konvektionsströme sind vermutlich für das Entstehen des Erdmagnetfeldes verantwortlich. Die Wirkungsweise entspricht dabei der eines Elektromagneten. Da sich aber sowohl der Verlauf der Konvektionsströme im Laufe der Zeit ändern kann als auch die Rotation der Erde um ihre Achse Schwankungen unterliegt, wandern die magnetischen Pole bzw. es kommt gar zu einer Umpolung des Erdmagnetfeldes.

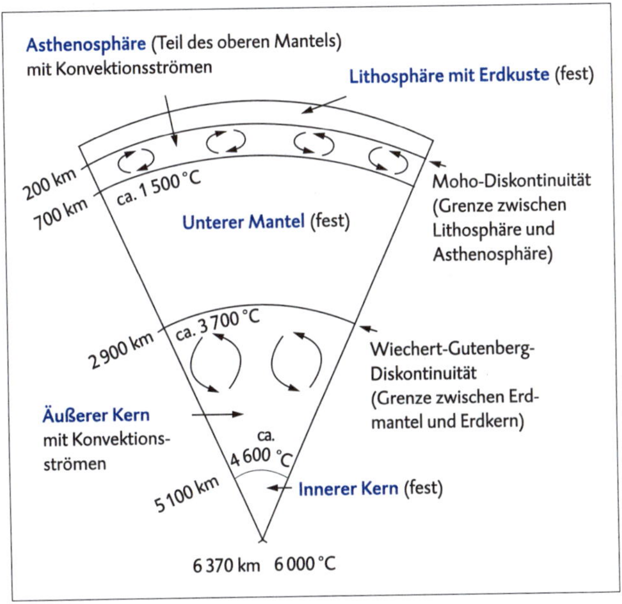

Der Aufbau der Erde

1.2 Plattentektonik

Die Theorie der Plattentektonik beschreibt die Bewegung von Platten (Bruchstücke der festen Erdkruste und Lithosphäre), die durch die Konvektionsströmungen in der Asthenosphäre verschoben werden (vgl. auch 1.1). Diese aus dem Erdinneren wirkenden Kräfte werden als **endogene Kräfte** (endo = innen) bezeichnet.

Die ozeanische Kruste, auch Sima (Hauptbestandteile: Silizium + Magnesium) genannt, ist schwerer als die kontinentale Kruste (Sial: Silizium + Aluminium). Es gibt verschiedene Plattengrenzen, je nachdem wie sich die Platten zueinander bewegen, mit damit einhergehenden unterschiedlichen Oberflächenformen und Begleiterscheinungen:

Divergent (= konstruktive Plattenränder) ← →		**Konvergent (= destruktive Plattenränder)** → ←			**Transform-bewegungen** ↑↓
Ozean **(Seafloor-spreading)**	Kontinent	Kontinent-Kontinent-Kollision	Ozean-Kontinent-**Subduktion**	Ozean-Ozean-**Subduktion**	Horizontal-verschiebung, z. B. zw. Ozean/Kontinent
Ozeanische Rücken, effusiver Vulkanismus, Vulkaninseln, Black Smoker	Grabenbruch, Verwerfung, Erdbeben, Vulkanismus	Gebirgsbildung, Hebung, Faltung, Bruchtektonik, Erdbeben	Gebirgsbildung, Tiefseegräben, explosiver Vulkanismus, Erdbeben	Tiefseegräben, Inselketten, Vulkanismus, Erdbeben, Tsunamis	Verwerfung, Bruchspalten, Erdbeben
Mittel-Atlantischer Rücken	Oberrheingraben, Gr. Afrikanischer Grabenbruch	Himalaja, Alpen	Anden, Atacamagraben	Marianengraben, Philippinen	San-Andreas Verwerfung

Die wichtigsten tektonischen Bewegungen und damit einhergehende Oberflächenformen und Begleiterscheinungen

Schematische Skizzen verschiedener Plattenränder

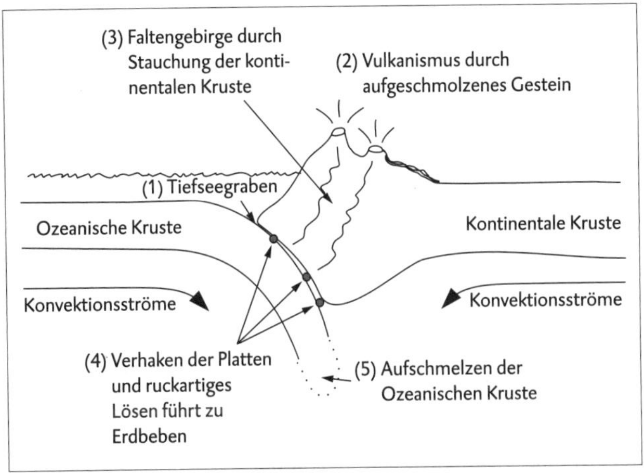

Subduktion (Ozean-Kontinent)

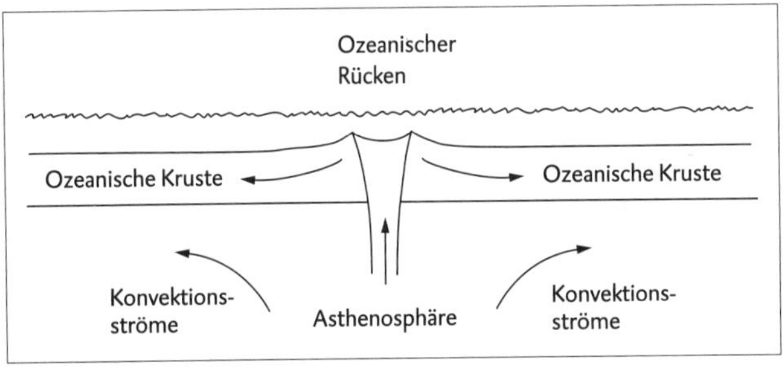

Seafloor-spreading (Ozean-Ozean)

Die auseinander driftenden ozeanischen Platten verursachen einen Riss in der Erdkruste, der das Aufsteigen von Magma ermöglicht, das im Wasser schnell erkaltet und ozeanische Rücken bzw. Vulkaninseln bildet.

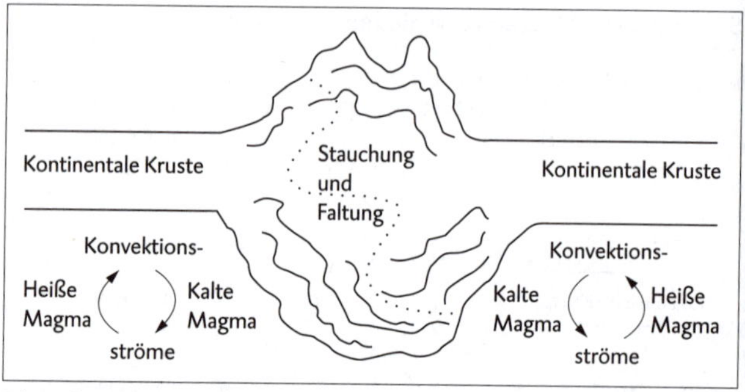

Faltengebirge (Kontinent-Kontinent)

Da beide kontinentalen Platten relativ leicht sind, erfolgt keine Subduktion mit anschließendem Aufschmelzen einer Platte, selbst wenn eine der Platten sich unter die andere schiebt. Stattdessen werden beide gestaucht, gefaltet und emporgehoben. Erdbeben treten häufig auf, aber es gibt keinen Vulkanismus (vgl. Alpen, Himalaja).

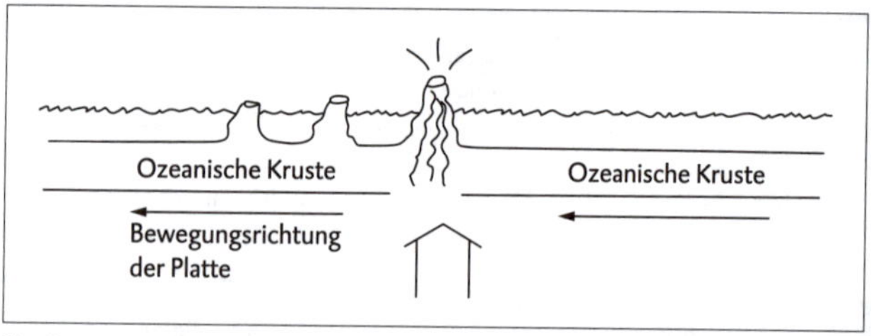

Hot Spots

Hot Spots treten nicht an Plattengrenzen auf. Stattdessen handelt es sich hier um einen im Bereich des Erdmantels aufsteigenden, sehr heißen Strom, der sich ähnlich einem Schneidbrenner durch die Erdkruste (meist durch die dünnere ozeanische) fräst. Weil der Hot Spot stationär ist, die Kontinentalplatte sich aber über ihn hinwegbewegt, entstehen Inselketten wie z. B. Hawaii, deren jüngster Bereich vulkanisch aktiv ist.

1.3 Kreislauf der Gesteine

Gestein besteht aus einem, meist aber mehreren Mineralien und ist sowohl im Erdinneren als auch an der Erdoberfläche verändernden Kräften ausgesetzt. Im Erdinneren werden sie durch Hitze und Druck aufgeschmolzen oder umgewandelt **(endogene Kräfte)**. An der Erdoberfläche werden die erstarrten Gesteine durch **exogene Kräfte** verändert.

Daraus ergibt sich ein hier schematisch dargestellter geschlossener **Kreislauf der Gesteine:**

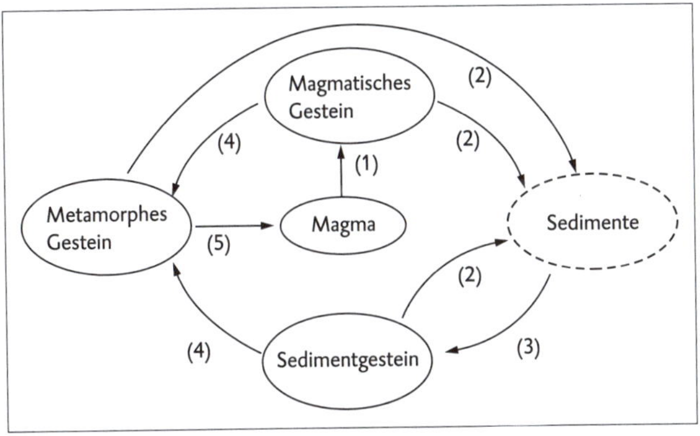

Kreislauf der Gesteine

Magma steigt auf, kühlt ab und erstarrt (1). Verwitterung und Erosion zerkleinern Gestein an der Erdoberfläche (2). Sedimente verfestigen sich unter dem Druck darüber lagernder Schichten (3). In die Tiefe absinkendes Gestein wird unter hohem Druck und hoher Temperatur umgewandelt (Metamorphose) (4). In die Asthenosphäre absinkendes Gestein wird aufgeschmolzen (5).

Beispiele für die verschiedenen Gesteinstypen

- **Magmatisches Gestein** (Erstarrungsgestein): Basalt, Bims, Granit (bei Granit handelt es sich um in mehreren Kilometern Tiefe erstarrtes Gestein);
- **Metamorphes Gestein** (Umwandlungsgestein): Gneis, Marmor;
- **Sedimentgestein:** Kalkstein, Sandstein, Dolomit.

1.4 Exogene Kräfte

An der Erdoberfläche wirken die exogenen Kräfte (exo = außen), die die durch die endogenen Kräfte des Erdinneren verursachten Reliefformen verändern.

Zunächst zermürbt und zerkleinert die **Verwitterung** das Gestein. Dabei unterscheidet man zwei verschiedene Arten von Verwitterung:

Physikalische Verwitterung
Sie zerbricht Gestein mechanisch in kleinere Stücke, z. B. durch Abschuppung in Folge von Temperaturschwankungen an der Gesteinsoberfläche (= **Insolationsverwitterung**), durch **Frostsprengung**, wenn in Gesteinsritzen eingedrungenes Wasser zu Eis gefriert und sich dabei ausdehnt, und durch **Salzsprengung**, wenn Salzkristalle nach Verdunstung des Wassers auskristallisieren und dabei ihr Volumen vergrößern. Eine Sonderform der Verwitterung stellt die Sprengung von Gestein durch Wurzeln dar (Wurzelsprengung).

Chemische Verwitterung

- **Lösungsverwitterung** beruht auf der Wasserlöslichkeit bestimmter Gesteine wie Kalkstein und Gips. Kalklösungsverwitterung wird durch im Wasser gelöstes CO_2 verstärkt und kann auch zur Entstehung von unterirdischer Hohlformen, wie z. B. Tropfsteinhöhlen, bzw. durch Ausfällen des Kalks zur Sinterbildung (Stalaktiten, Stalagmiten) führen. Kalklösungsformel:
  $CaCO_3 + H_2O + CO_2 \longrightarrow Ca^{2+} + 2HCO_3^-$
- **Oxidationsverwitterung** findet statt, wenn durch Einbindung von Sauerstoff an der Gesteinsoberfläche neue Verbindungen entstehen. Bei der Verbindung von Sauerstoff mit Eisenmineralien entsteht z. B. Rost.
- Als **Hydratationsverwitterung** bezeichnet man die Anlagerung von Wassermolekülen an den Außenionen eines Kristallgitters. Dadurch wird die Gitterfestigkeit geschwächt und das Mineral zerfällt.

Chemische Verwitterung benötigt hohe Temperaturen und Wasser. Deshalb tritt sie verstärkt in den feuchten Tropen auf. Die physikalische Verwitterung dominiert dagegen in den Trockengebieten, wie z. B. in Wüsten, und in den kalten Breiten.

Erosion und Sedimentation

Die durch die Verwitterung entstandenen Gesteinsbruchstücke werden durch Wasser, Wind, Eis und die Schwerkraft abtransportiert und weiter zerkleinert. Dabei verstärken die mitgeführten Bruchstücke die erosive, d. h. abtragende, Kraft ihres Transportmediums und es kommt unter anderem zu Wasser- und Winderosion. **Erosion** bezeichnet im engeren Sinne die Abtragung an der Erdoberfläche. Nimmt die Fließgeschwindigkeit des Wassers oder Windes ab, wird das mitgeführte Material abgelagert. Dies bezeichnet man als **Sedimentation**. Erosion und Sedimentation gestalten zusammen das Relief an der Erdoberfläche um, wobei man folgende Prozesse unterscheiden kann:

- **Massenbewegungen:** Durch die Schwerkraft ausgelöste Bewegungen in steilem Gelände, die durch Vernässung des Untergrundes und Abholzung verstärkt werden: Muren, Bergstürze, Erdrutsche. Als **Solifluktion** bezeichnet man das Abgleiten der obersten, wasserdurchtränkten Bodenschicht an Hängen.
- **Glaziale Überformung:** Durch Gletscher verursachte Erosionsformen wie Trogtäler (U-förmig), Kare und Zungenbeckenseen und Akkumulationsformen wie Moränen und Drumlins.
- **Fluviatile Überformung:** Durch Wasser verursachte Erosionsformen wie Kerbtäler (V-förmig), Canyons und alle anderen Talformen außer den Trogtälern und Akkumulationsformen wie Schotterflächen, Sandbänke und Deltas. Eine Sonderform der Erosion durch Wasser ist die **Denudation**, bei der es auf leicht geneigten Hängen zu einer flächenhaften Bodenabtragung kommt.
- **Marine Überformung:** Durch Wellen, Brandung und Meeresströmungen verursachte Erosionsformen, auch **Abrasion** genannt, wie Kliffe und Akkumulationsformen wie Sandbänke und Nehrungen.
- **Äolische Überformung:** Durch Feinmaterial (z. B. Sand) transportierenden Wind verursachte Erosionsformen wie Pilzfelsen, die durch Sandschliff entstehen, und Akkumulationsformen wie Dünen oder Lössablagerungen. **Deflation** bezeichnet die Ausblasung des Oberbodens in vegetationsarmen Gebieten bzw. von Feldern, während keine Vegetation vorhanden ist. Sie ist zusammen mit der Denudation für die Zerstörung des fruchtbaren Oberbodens in agrarisch genutzten Gebieten verantwortlich.

2 Klima

2.1 Grundlagen der Klimatologie

Die wichtigste Ursache des globalen Klimasystems stellt die von der Sonne zugeführte Energie dar. Da diese Zufuhr je nach Gebiet schwankt, kommt es zur Ausbildung unterschiedlicher Klimate. Ein wesentlicher Faktor ist dabei der Einfallswinkel der Sonnenstrahlen, da bei senkrechtem Einfall (z. B. am Äquator) mehr Strahlen, also Energie und damit Wärme, pro Flächeneinheit auftreffen, als bei flachem Einfallswinkel (z. B. an den Polen).

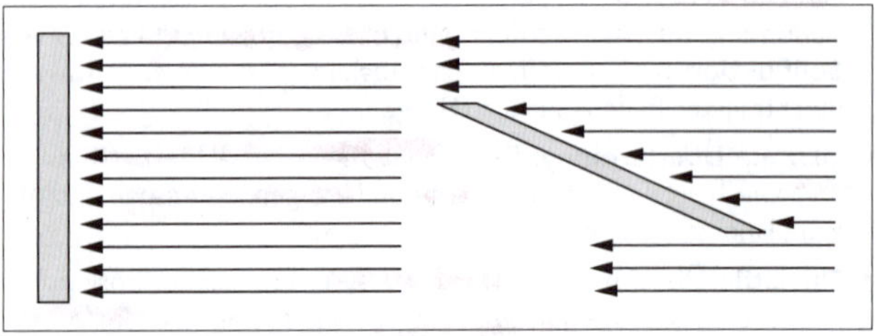

Strahlungsenergie in Abhängigkeit vom Einfallswinkel

Der Umlauf der Erde um die Sonne wird als **Erdrevolution** bezeichnet. Dabei durchläuft die Erde keine Kreisbahn, sondern eine Ellipse, deren sonnennähsten Punkt man als **Perihel** und den sonnenfernsten Punkt als **Aphel** bezeichnet.

Da die Erdachse zur Umlaufbahn der Erde um die Sonne zu ca. 23,5° geneigt ist, die so genannte **Schiefe der Ekliptik**, verändern sich sowohl die Entfernung zur Sonne als auch die Einfallswinkel der Sonnenstrahlen im Jahresverlauf und es kommt zur Entstehung der verschiedenen Jahreszeiten. Sommer herrscht z. B. auf der Nordhalbkugel im Juni/Juli, da sie zu diesem Zeitpunkt der Sonne zugewandt ist, während gleichzeitig auf der sonnenabgewandten Südhalbkugel Winter herrscht. Den Höchststand, den so genannten **Solstitialstand**, erreicht die Sonne auf der Nordhalbkugel am 21. Juni. Da zu diesem Zeitpunkt die Gebiete am nördlichen Polarkreis 24 Stunden von der Sonne bestrahlt werden, spricht man vom **Polartag**, während man in den komplett unbestrahlten Gebieten am südlichen Polarkreis von **Polarnacht** spricht. Noch weiter polwärts dauern Polartag bzw. -nacht dann mehrere Wochen bis Monate. Am 21. März und am 23. September, zum Zeitpunkt der **Äquinoktialstände**, sind beide Pole gleich weit von der Sonne entfernt. Tag und Nacht sind überall auf der Erde genau 12 Stunden lang.

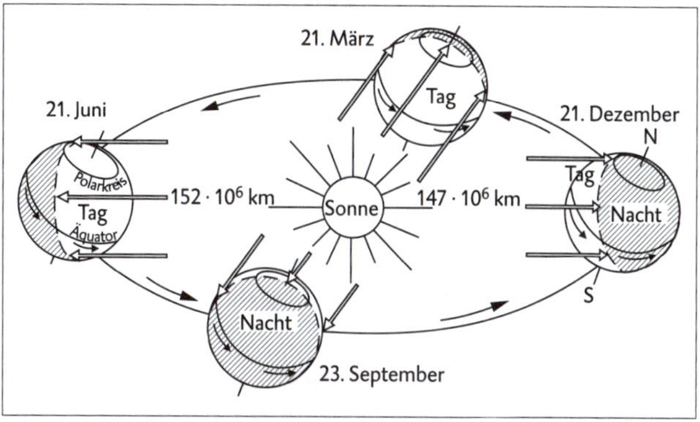

Die Erdrevolution

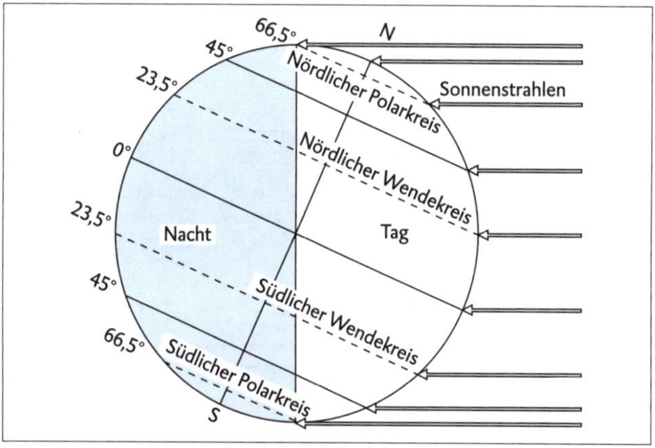

Die Beleuchtungsverhältnisse der Erde am 21. Juni

Die von der Sonne ausgestrahlte Energie, die an der Obergrenze der Erdatmosphäre ankommt, bezeichnet man als **Solarkonstante**. Allerdings entspricht sie nicht der Energiemenge, die an der Erdoberfläche als **Globalstrahlung** ankommt. Rund 30 % der Einstrahlung werden nämlich aufgrund von **Reflexion** an Wolken oder Luftteilchen wieder in den Weltraum zurückgestrahlt. Weitere 19 % der Strahlung werden in der Atmosphäre durch Wolken und Luftteilchen aufgenommen (**Absorption**) und in Form von Wärmestrahlung in alle Richtungen abgegeben. In Bereichen besonders hoher Absorptionsraten, wie z. B. in der Ozonschicht, in der ein Großteil der energiereichen UV-Strahlung absorbiert wird, kommt es zu einem deutlichen Temperaturanstieg in der Atmosphäre (vgl. Grafik S. 13). Der verbleibende Rest von ca. 51 %, der an der Erdoberfläche absorbiert, also in Wärme umgewandelt wird, kommt dort in Form von **direkter** und **diffuser Strahlung** an. Der Anteil an diffuser, also durch Reflexion abgelenkter Strahlung ist umso höher, je länger die Wegstrecke der Strahlung durch die Atmosphäre ist. Dies trifft besonders bei einem flachem Einfallswinkel zu, wie er bei Sonnenaufgang und -untergang und im Bereich der Pole besteht. Da die Globalstrahlung, dabei insbesondere die direkte Strahlung, stark vom Bewölkungsgrad abhängt, erreicht sie ihr Maximum im Bereich der Wüstengürtel um die Wendekreise.

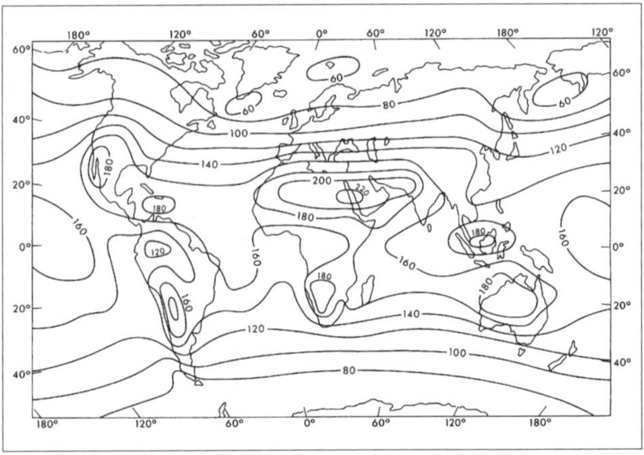

Mittlere jährliche Globalstrahlung in kcal/cm² pro Jahr

2.2 Aufbau der Atmosphäre

Die Atmosphäre ist eine **Gashülle**, die die Erde umgibt. Sie setzt sich chemisch aus folgenden Gasen zusammen: Stickstoff (N_2): 78,08 %, Sauerstoff (O_2): 20,95 %, Argon (Ar): 0,93 % und Kohlendioxid (CO_2): 0,03 %. Dazu kommen kleinste Mengen von Edelgasen (Neon, Helium, etc.) und Wasserstoff.

Die Atmosphäre ist in verschiedene Stockwerke eingeteilt, wobei die Teilchendichte und der Luftdruck mit zunehmender Höhe abnehmen, während die Temperatur in Abhängigkeit von der Absorptionsrate schwankt. Die in der Grafik angegebenen Höhen sind Durchschnittswerte, da aufgrund der durch die Erdrotation bedingten Fliehkraft die Atmosphäre im Bereich des Äquators in deutlich größere Höhe reicht als an den Polen. Für das Wettergeschehen auf der Erdoberfläche ist aber nur der unterste Teil, die **Troposphäre**, relevant.

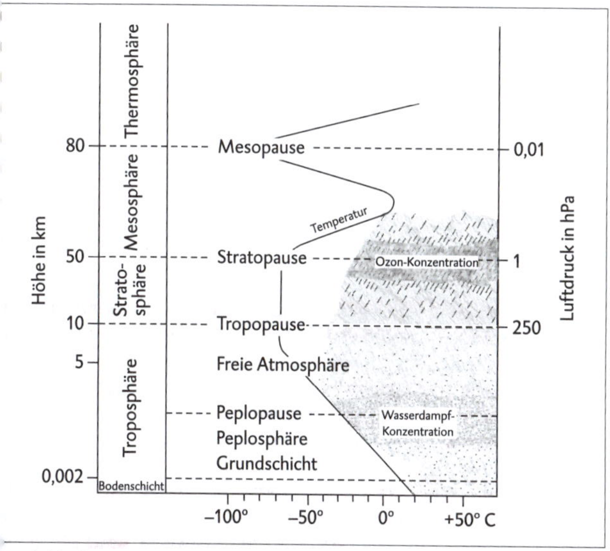

Vertikalgliederung der Erdatmosphäre

2.3 Atmosphärische Zirkulation

Aufgrund der unterschiedlich starken Energiezufuhr durch die Sonne kommt es zu ausgeprägten Temperaturunterschieden zwischen den tropischen und den polaren Gebieten. Da warme Luft auf- und kalte Luft absteigt, entsteht im Bereich des Äquators ein Tiefdruckgebiet (wenige Luftteilchen pro Volumeneinheit) in Bodennähe und ein Hochdruckgebiet in der Höhe. An den Polen ist es genau umgekehrt. Um diese Defizite im Bereich des Tiefs und Überschüsse im Bereich des Hochs auszugleichen, entsteht **Wind**. Wind ist eine Ausgleichsströmung vom Hoch zum Tief. Dieses Bestreben eines Druckausgleichs bezeichnet man auch als **Gradientkraft**. Daraus würde sich für eine statische Erde folgendes Grundmuster ergeben:

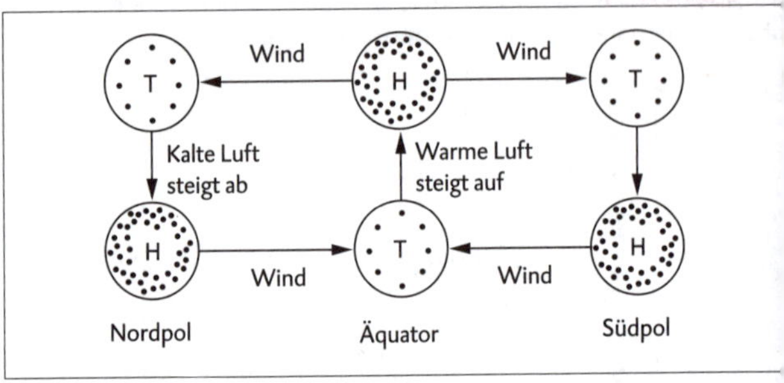

Grundmuster der Gradientkraft

Da die Erde aber um ihre eigene Achse rotiert, werden sämtliche Strömungen, also auch Winde, abgelenkt. Diese ablenkende Kraft nennt man **Corioliskraft**. Ausgehend von der Bewegungsrichtung wirkt sie auf der Nordhalbkugel nach rechts und auf der Südhalbkugel nach links. Ihre Stärke nimmt mit zunehmender Wegstrecke und Geschwindigkeit der Strömungen zu. Sie verhindert, wie aus folgender Skizze (s. S. 15) ersichtlich, einen direkten Energietransfer zwischen Äquator und Polen und führt zur Entstehung starker Westwinde in der Höhe, den **Jetstreams**. Am Boden wird die Corioliskraft durch die Reibung abgeschwächt, deshalb entstehen keine reinen Ostwinde. Der Tiefdruckgürtel um den Äquator wird als **äquatoriale Tiefdruckrinne** oder auch **ITC** (Innertropische Konvergenzzone) bezeichnet.

Zur Erinnerung: Die Gradientkraft beschreibt das Bestreben der Luftteilchen, vom Hoch zum Tief zu gelangen (Wind). Die durch die Rotation der Erde verursachte Corioliskraft lenkt sie aber auf der Nordhalbkugel immer nach rechts und auf der Südhalbkugel immer nach links ab.

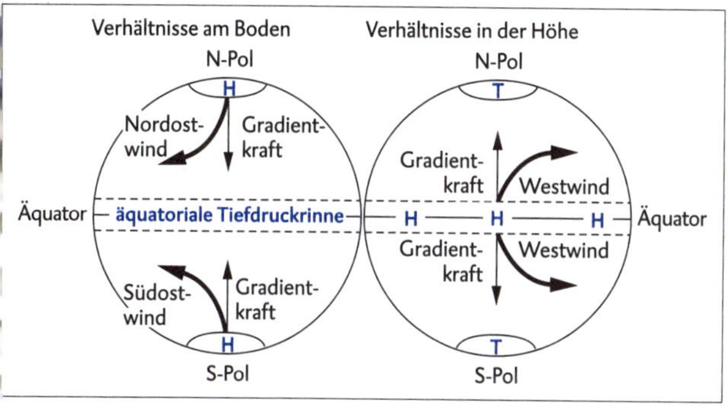

Gradient- und Corioliskraft

Da die Jetstreams einen Austausch der Luftmassen zwischen Äquator und Pol verhindern, kommt es am Rand der Tropen im Bereich der Wendekreise zu einem Absinken der Luftmassen und zum Entstehen der **subtropischen Hochdruckgürtel** am Boden (Bsp.: Azorenhoch). Umgekehrt kommt es im subpolaren Bereich zur Entstehung von Tiefdruckgebieten am Boden, den **subpolaren Tiefdruckrinnen** (Bsp.: Islandtief). Dabei handelt es sich aber nicht um thermisch bedingte Hoch- und Tiefdruckgebiete wie am Äquator und an den Polen, sondern um dynamische Hoch- und Tiefdruckgebiete, die durch Luftströmungen bedingt sind.

Zwischen Hoch- und Tiefdruckgebieten ergeben sich **Ausgleichsströmungen**, die von der Corioliskraft beeinflusst werden (vgl. Skizze und Tabelle S. 16). Das berühmteste Beispiel sind die **Passatwinde**, die von den subtropischen Hochdruckgürteln aus Norden und Süden zur Innertropischen Konvergenzzone strömen und dabei in NO- und SO-Passate abgelenkt werden. Im Gegensatz zu den polaren Ostwinden werden sie nicht zu reinen Ostwinden, weil die Corioliskraft an den Polen am stärksten ist und in Richtung Äquator immer schwächer wird, die Winde hier also weniger stark ablenkt.

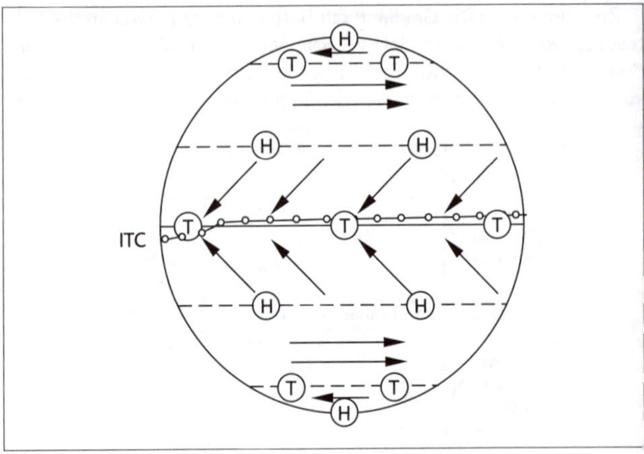

Schema der Luftdruck- und Windgürtel in der bodennahen Schicht (bis 3 km) der Atmosphäre

Breitenlage	Luftdruckgürtel	Windgürtel
80°–90°	Polares Kältehoch	
65°–80°		Polare Ostwinde
55°–65°	Subpolare Tiefdruckrinne	
35°–55°		Westwinde
25°–35°	Subtropischer Hochdruckgürtel	
5°–25°		Passate
0°–5°	ITC	

Tabelle der Luftdruck- und Windgürtel in der bodennahen Schicht der Atmosphäre

2.4 Klima- und Vegetationszonen

Die Tropen

Bei der tropischen Zirkulation kühlen sich die am Äquator aufsteigenden Luftmassen ab, da in der Troposphäre mit zunehmender Höhe die Temperatur sinkt. Kalte Luft kann aber weniger Feuchtigkeit speichern als warme Luft. Deshalb kommt es zur Kondensation von Wassertropfen, zur Wolkenbildung und schließlich zu kräftigem Niederschlag, der zusammen mit den hohen Temperaturen tropischen Regenwald begünstigt. Die Luft strömt in der Höhe polwärts ab und sinkt im Bereich der Wendekreise wieder zu Boden. Dabei erwärmt sich die Luft mit der Folge, dass sie mehr Feuchtigkeit speichern kann. Folglich werden die Wolken aufgelöst, Niederschläge bleiben aus und es entsteht ein Wüstengürtel entlang der Wendekreise, die Passatwüsten (z. B. Sahara, Australische Wüsten). Aus dem subtropischen Hochdruckgürtel fließen die Winde als Passate zur ITC zurück, weshalb man diese auch innertropische Konvergenzzone (Zone des Zusammentreffens) nennt. Die ITC bleibt aber nicht am Äquator im Bereich der fast ganzjährig Niederschläge aufweisenden **immerfeuchten Tropen** mit ihrem tropischen Regenwald, sondern folgt dem **Zenitalstand** (Senkrechtstand) der Sonne zu den Wendekreisen und bringt dabei Niederschläge in den Bereich der **wechselfeuchten Tropen**.

Die Trockenzeit wird von der Regenzeit abgelöst. Ihre Länge und die Niederschlagshöhe nimmt mit zunehmender Entfernung zum Äquator ab. Dementsprechend wandelt sich die Savannenvegetation. Die Bäume werden kleiner und weniger, während Büsche, v. a. Dornsträucher, und Gräser an Bedeutung gewinnen, bis auch sie allmählich ausdünnen und der praktisch vegetationslosen Wüste Platz machen.

Die Grafik auf der folgenden Doppelseite zeigt den Zusammenhang zwischen Niederschlagsmenge und Vegetation im Bereich der Tropen auf. Zu beachten ist dabei, dass die Niederschlagsspitze etwas zeitlich verzögert auf den Zenitalstand der Sonne folgt und Richtung Wendekreise wegen des zunehmend geringer werdenden zeitlichen Abstands zwischen den beiden Zenitalständen (an den Wendekreisen gibt es nur einen) zu einer Niederschlagsspitze verschmelzen. Die Temperaturen in den Tropen weisen im Jahresgang geringere Schwankungen auf als zwischen Tag und Nacht. Deshalb spricht man auch von einem **Tageszeitenklima**.

Handwritten: Starker ITC Einfluss … weiter entfernt vom Äquator

Trockenmonate:	0–1	2–5	6–8	8–10	11–12

Trockengrenze (A. Penck)

Vegetations- und Landschaftsgürtel:	Trop. Regenwald	Feuchtsavanne	Trockensavanne	Dornsavanne	Halbwüste/Wüste
Niederschlag in mm:	> 1 500	1 500–1 000	1 000–500	500–200	< 200
	Immergrüne Pflanzen, Laubfall zu allen Jahreszeiten; sehr hohe Bäume; Kletterpflanzen (z. B. Lianen)	Immergrüne Pflanzen; übermannshohes Gras	In der Trockenzeit werfen die Laubbäume ihre Blätter ab; brusthohes Gras	Dornsträucher; niedriges Gras; Bäume, die Wasser speichern (z. B. Affenbrotbaum, Sukkulenten); in der Trockenzeit werfen Laubbäume Blätter ab	Überwiegend Sand und Felsschutt

Klima- und Vegetationszonen der Tropen

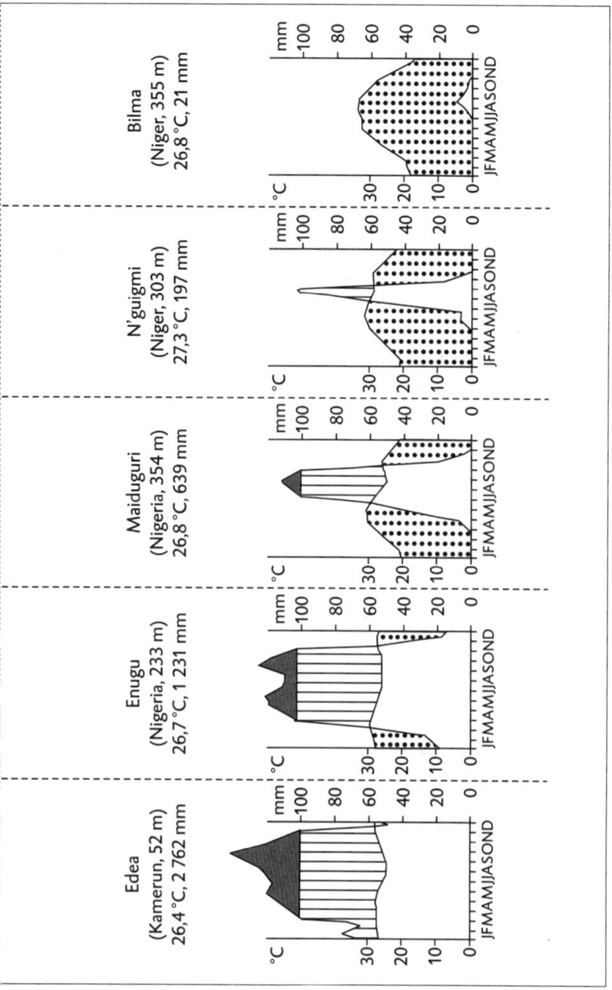
Edea
(Kamerun, 52 m)
26,4 °C, 2 762 mm
Enugu
(Nigeria, 233 m)
26,7 °C, 1 231 mm
Maiduguri
(Nigeria, 354 m)
26,8 °C, 639 mm
N'guigmi
(Niger, 303 m)
27,3 °C, 197 mm
Bilma
(Niger, 355 m)
26,8 °C, 21 mm
°C
mm
JFMAMJJASOND

Die Subtropen

In den sich polwärts an die Tropen anschließenden Subtropen kann man zwei verschiedene Typen unterscheiden: Die **winterfeuchten Subtropen** an der Westseite der Kontinente und die **dauerfeuchten Subtropen** an der Ostseite. Das Klima der winterfeuchten Subtropen wird im Sommer durch den Einfluss des subtropischen Hochdruckgürtels bestimmt, der sich z. B. auf der Nordhalbkugel mit der Wanderung des Zenitalstands der Sonne zum nördlichen Wendekreis nach Norden hin Richtung Mittelmeerraum und Kalifornien verschiebt. Dies erklärt, warum es in den Urlaubsparadiesen rund um das Mittelmeer im Sommer fast nie regnet. Im Winter dagegen gerät der Mittelmeerraum durch die Wanderung des Zenitalstandes der Sonne zum südlichen Wendekreis und die damit einhergehende Südverlagerung der globalen Druck- und Windgürtel (vgl. auch Grafik und Tabelle S. 16) in den Einfluss der Westwindzone, die feuchte Luftmassen und damit Niederschläge heranbringt (vgl. Klimadiagramm). Man spricht auch von einem **Winterregengebiet**. Die Vegetation hat sich an die sommerliche Trockenheit angepasst, indem sie die Verdunstungsverluste an den Blättern durch eine harte und glänzende Oberhaut reduziert. Diese **Hartlaubvegetation** (z. B. Lorbeer) ist die wichtigste Vegetationsform in den winterfeuchten Subtropen. Für den Mittelmeerraum gilt insbesondere der Ölbaum (Olive) als typisch. Sein Verbreitungsgebiet stellt eine gute Abgrenzung zu anderen Klimaten nach Norden (zu kalt) und nach Süden (zu trocken) dar.

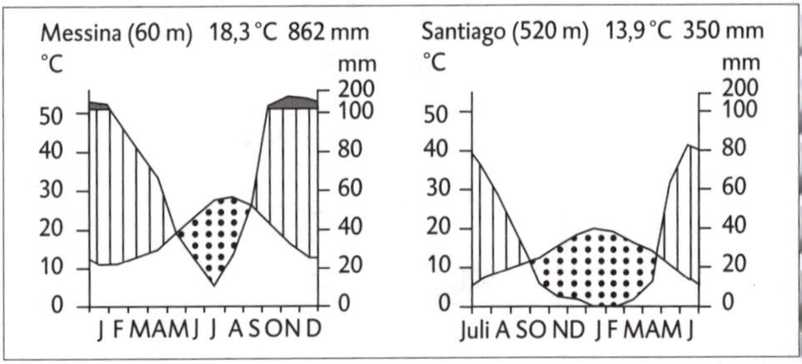

Klimadiagramme aus Messina/Sizilien und Santiago de Chile; die Monatseinteilung bei Santiago ist um 6 Monate versetzt, weil der Südwinter dem Nordsommer entspricht.

Verbreitung der Hartlaubvegetation der winterfeuchten Subtropen

Die dauerfeuchten Subtropen liegen an der Ostseite der Kontinente (Südosten der USA, Südchina, NO-Argentinien). Sie unterliegen monsunalen Effekten (vgl. Monsun in Indien S. 28 f.), die im Sommer zu starken Niederschlägen führen (vgl. Klimadiagramme S. 22). Da sich Landmassen schneller erwärmen als Wasser, entstehen im Sommer über den Kontinenten starke Hitzetiefs, die die feuchten Luftmassen der umgebenden warmen Meere anziehen. Diese O/SO-Winde steigen über den Kontinenten auf, kühlen ab und führen zu Starkniederschlägen.

Da die Höhe der Niederschläge mit zunehmender Entfernung von der Küste abnimmt, folgen auf die immergrünen Regenwälder der Küstengebiete Laub abwerfende Monsun- oder Trockenwälder. Typische Bäume dieser Vegetationszone sind Magnolien, die japanische Zeder oder an sehr feuchten Standorten wie Florida auch Sumpfzypressen.

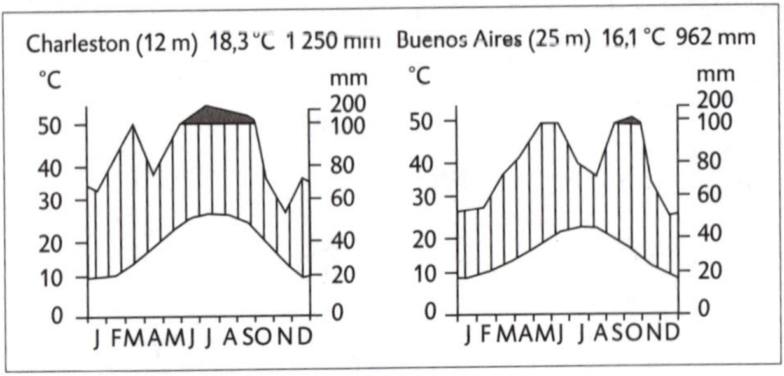

Klimadiagramme aus Charleston/USA und Buenos Aires

Die gemäßigten Breiten

Die gemäßigten Breiten, in denen auch Deutschland liegt, weisen ein weitaus wechselhafteres Klima auf als die Tropen, Subtropen oder auch die Polargebiete, weil in dieser Zone warme Luftmassen aus den Tropen und kalte Luftmassen aus den Polargebieten aufeinander treffen. Die Trennlinie zwischen den beiden Luftmassen bezeichnet man als **Polarfront**. An ihr gleiten polare Ostwinde und warme Westwinde aneinander vorbei, ohne sich auszutauschen. Da kalte und warme Luftmassen aber eine unterschiedliche Dichte aufweisen, kommt es immer wieder zu Turbulenzen. Leichtere, warme Luft gleitet auf die schwere Kaltluft, die sich ihrerseits unter die Warmluft schiebt, wodurch sich eine wellenförmige Störung der Polarfront ergibt. Die vordringenden warmen Luftmassen bezeichnet man als **Warmfront**, die vordringenden kalten Luftmassen als **Kaltfront**. Zusammen bilden sie eine **außertropische Zyklone**, die durch die über sie strömenden Jetstreams von West nach Ost transportiert wird. Die Kaltfront bewegt sich dabei schneller als die Warmfront, weil diese beim Aufgleiten auf die Kaltfront Energie verbraucht, während die Kaltfront mit ihrer höheren Dichte ungebremst in die Warmfront eindringen kann. Schließlich holt die Kaltfront die Warmfront ein und hebt sie vollständig vom Boden ab (**Okklusion**). Die Lebensdauer einer solchen Zyklone beträgt dabei im Durchschnitt nur 5–6 Tage. Sie bedingt das wechselhafte Wetter in den gemäßigten Breiten mit seinen häufigen Temperaturschwankungen beim Durchzug von Warm- und Kaltfronten, seinen wechselnden Windrichtungen und den mit den Fronten einhergehenden Niederschlägen, die sich durch das Aufsteigen der Warmluft, ihrer Abkühlung mit daraus folgender Wolkenbildung ergeben. Die Kaltfront bringt z. T. heftige Schauer, während eine

Warmfront eher lang anhaltenden leichten Niederschlag verursacht. Die durchziehende Warmluft weist einen niedrigen Luftdruck auf; daher spricht man auf Wetterkarten vom Durchzug eines Tiefdruckgebietes.

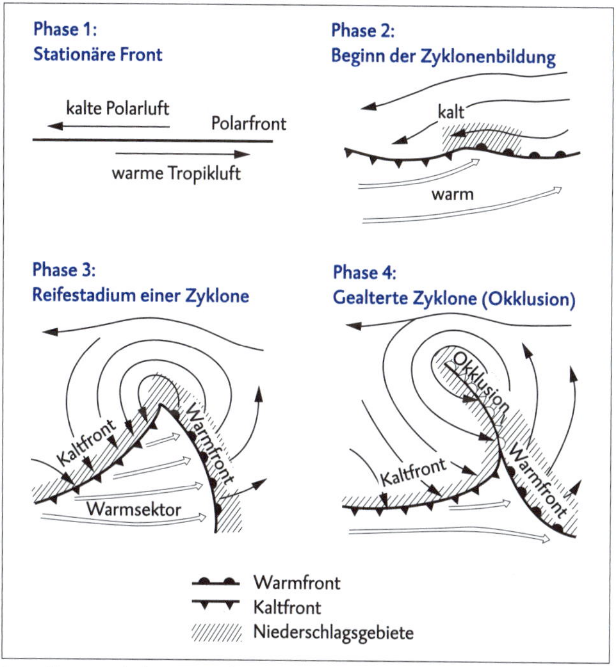

Entwicklungsgeschichte einer außertropischen Zyklone

Die gemäßigten Breiten unterscheiden sich auch durch den deutlichen Temperaturunterschied zwischen Sommer und Winter von den Tropen. Hier herrscht ebenso wie in den Polargebieten ein **Jahreszeitenklima**. Die Vegetation in den gemäßigten Breiten wird je nach Temperatur und Niederschlagsmenge in drei große Bereiche untergliedert:

- In der wärmeren und feuchteren kühlgemäßigten Zone herrschen **sommergrüne Laub- und Mischwälder** vor, d. h. die Laubbäume, wie Buche oder Eiche, werfen im Winter ihre Blätter ab.

- In der kälteren, ebenfalls feuchten kaltgemäßigten Zone dominiert **borealer Nadelwald** aus Fichte, Kiefer, Lärche und Tanne, oft nach dem russischen Ausdruck auch als Taiga bezeichnet.
- Die trockenen winterkalten Steppen im Süden Russlands, den amerikanischen Great Plains und der argentinischen Pampa sind dagegen **fast baumlos** und durch **Grasfluren** geprägt.

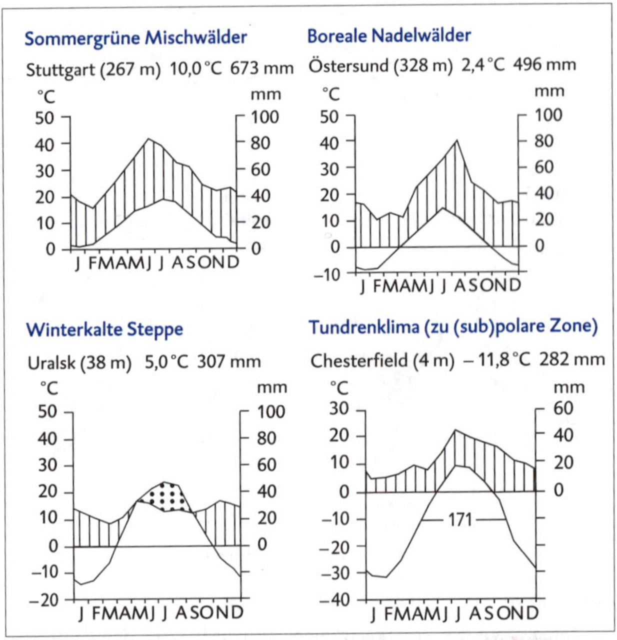

Die subpolare und polare Zone

Diese Zonen weisen strahlungsbedingt (Polartag/Polarnacht) große Temperaturunterschiede zwischen Sommer und Winter auf. Die Temperaturen sind aber insgesamt sehr niedrig. Auch die Niederschläge sind meist gering, weil es zu kalt ist, als dass viel Wasser verdunsten würde oder die Luft viel Feuchtigkeit aufnehmen könnte. Die Niederschläge in der Zentralantarktis sind zum Teil niedriger als in der Sahara.

Eine Ausnahme stellen Gebiete wie Island dar, die von warmen Meeresströmungen beeinflusst werden. In der subpolaren Tundra wachsen Flechten, Moose und mit zunehmender Nähe zum borealen Nadelwald auch Zwergsträucher und Heidekraut. In niederschlagsreicheren Gebieten wie Island herrschen Grasländer (Wiesentundra) vor.

In der Wiesentundra gibt es im Gegensatz zu den anderen polaren und subpolaren Gebieten aufgrund des maritimen Einflusses keinen **Permafrostboden**, der nur während des kurzen Sommers oberflächlich auftaut, in der Tiefe aber immer gefroren ist.

Der polare Bereich ist praktisch vegetationsfrei und mit Eis oder Geröllschutt bedeckt.

2.5 Regionale Anomalien

Auf einem nur von Wasser bedeckten Planeten würden die Klimazonen nahezu perfekt ringförmig aufeinander folgen. In der Realität wird die perfekte Abfolge der Klimazonen aber durch eine Vielzahl von Variablen wie Höhenlage, Meeresströmungen, die Lage der Kontinente und die Nähe bzw. Entfernung vom Meer begrenzt.

Maritimität – Kontinentalität

Wasser verfügt über eine höhere Wärmekapazität als Land. Das heißt, es erwärmt sich langsamer, aber kühlt auch langsamer aus. Deshalb weisen Gebiete in Meeresnähe eine geringere **Temperaturamplitude** (Unterschied zwischen sommerlichem Maximum und winterlichem Minimum) auf als Gebiete in größerer Entfernung zum Meer. Man spricht von **maritimem** bzw. **kontinentalem Klima**. Verstärkt wird die Kontinentalität durch Gebirge, die den Einfluss des Meeres verhindern. Deshalb weist z. B. Östersund (S. 24) in Schweden kontinentalen Charakter auf, obwohl die Entfernung zum Meer nicht sehr groß ist. Die Höhe der Niederschläge geht mit zunehmender Entfernung vom Meer zurück, da ein Großteil der vom Meer herantransportierten Feuchtigkeit sich bereits abgeregnet hat. Außerdem nimmt die Verdunstung im kontinentalen Bereich wegen der höheren Sommertemperaturen zu. Bei gleichzeitig niedrigeren Niederschlägen führt dies zu zunehmender Trockenheit.

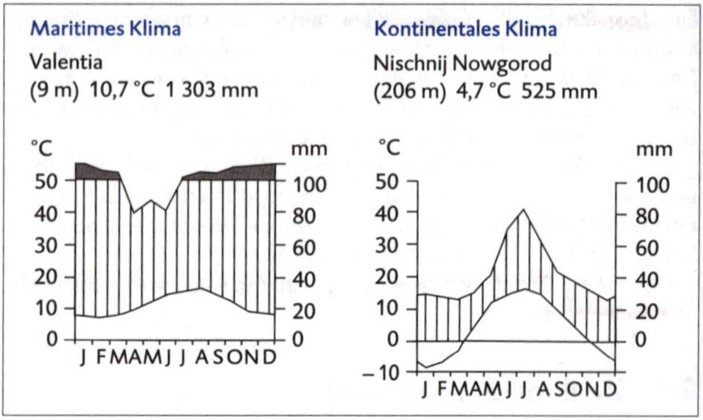

Die Höhenstufen

Innerhalb der Troposphäre nimmt die Temperatur mit zunehmender Höhe ab. Als Faustregel gilt, dass sie sich in Gebirgen um ca. 0,5 °C–1 °C pro 100 m Höhe verringert. D. h. die Temperatur in 1 000 m Höhe ist bis zu 10 °C niedriger als in Meereshöhe. Zu beachten ist, dass die Niederschlagsverteilung im Gebirge sehr unterschiedlich sein kann. Weht der Wind hauptsächlich aus einer Richtung, steigt die Luft auf der dem Wind zugewandten Seite, der **Luv**seite, auf, wobei sie abkühlt, Wolken bildet und **Steigungsregen** auftritt. Auf der dem Wind abgewandten **Lee**seite sinkt die Luft ab, erwärmt sich, es kommt zur Wolkenauflösung und damit bleiben Niederschläge aus. Ein Beispiel für einen solchen trockenen Fallwind ist der **Föhn** an der Alpennordseite.

Für den Alpennordrand gelten aufgrund der mit der Höhe sinkenden Temperaturen und der kürzeren Vegetationszeit, bei gleichzeitig zunehmenden Niederschlägen, höheren Windgeschwindigkeiten und höherer UV-Strahlung Vegetationsstufen mit lokal deutlich schwankenden Höhen (vgl. Tabelle S. 27).

Wald- und Schneegrenze verändern sich je nach Breitengrad. Sie sind nahe der Wendekreise am höchsten, die Schneegrenze liegt hier bei ca. 6 000 Metern, und sinkt Richtung der Pole ab auf 0 Meter. Da es nicht in allen Breitenlagen ausreichend hohe Gebirge gibt, ist das folgende Vegetationsprofil nur eine Annäherung an die Realität. Es zeigt aber, dass sich temperaturbedingt ähnliche Vegetationsformen bei zunehmender Höhe und geografischer Breite Richtung der Pole ausbilden. So hat der boreale Nadelwald große Ähnlichkeiten mit dem Nadelwald der hochmontanen Stufe. Unterschiede ergeben sich aber u. a. aufgrund unterschiedlicher Sonneneinstrahlung und Niederschlagsregime.

Höhenstufe	Vegetation
Nivale Stufe	Polsterpflanzen, Moose, Flechten
Klimatische Schneegrenze bei 2 400 m	
Alpine Stufe bis 2 400 m	Alpine Matten und Rasen
Subalpine Stufe bis 1 900 m	Krummholz und Zwergsträucher
Waldgrenze bei 1 700 m	
Hochmontane Stufe bis 1 700 m	Fichtenwald
Montane Stufe bis 1 300 m	Buchen- und Tannenwald
Colline Stufe bis 600 m	(sommergrüner) Laub- und Mischwald

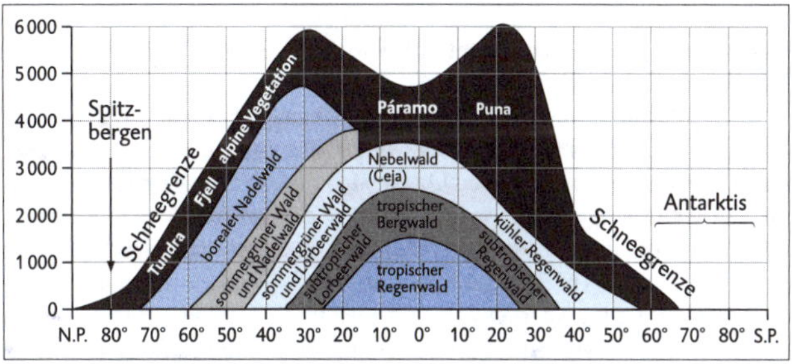

Idealtypisches Vegetationsprofil vom Nord- zum Südpol

Meeresströmungen

Meeresströmungen transportieren große Massen an warmem oder kaltem Wasser und nehmen so großen Einfluss auf das Klima. Ein gutes Beispiel dafür ist der **Nordatlantik**. Auf der Westseite transportiert der kalte Labradorstrom Eisberge nach Süden, während auf der Ostseite der Golfstrom warmes Wasser aus den Tropen bis an die Nordspitze Norwegens befördert, sodass dort selbst im Winter das Meer nicht zufriert. Entsprechend verschieben sich die Klimazonen in Europa nach Norden: Das von Inuit bewohnte Labrador liegt im selben Breitenbereich wie die Britischen Inseln. (vgl. auch S. 39 f.).

Der Monsun in Indien

Indien liegt eigentlich im Bereich der Passatwüsten. Tatsächlich gibt es aber nur im Nordwesten an der Grenze zu Pakistan ein Wüstengebiet, die Wüste Tharr. Grund dafür ist die gewaltige Kontinentalmasse Asiens. Da sie sich im Sommer viel schneller erwärmt als der Indische Ozean, bildet sich über Nordindien aufgrund aufsteigender warmer Luftmassen ein starkes Tiefdruckgebiet. Dieses zieht feuchte Luftmassen vom Indischen Ozean an, die als **Sommermonsun** von SW kommend von Juni bis September während der Regenzeit starke Niederschläge bringen, insbesondere im Luv der Gebirge der Westghats und des Himalaja (vgl. S. 29). Der SW-Monsun ist dabei nichts anderes als der SO-Passat der Südhalbkugel, der vom Tiefdruckgebiet über Asien angezogen den Äquator überschreitet und aufgrund der auf der Nordhalbkugel nach rechts wirkenden Corioliskraft zu einem SW-Wind abgelenkt wird. Dabei wird oft von einer Verlagerung der ITC bis an den Himalaja gesprochen. Hierbei handelt es sich aber nicht um eine Verlagerung, da es aufgrund des fehlenden NO-Passats zu keiner Konvergenz der Passatwinde kommt. Auch ist das thermische Hitzetief über Asien so stark, dass es nicht zur Bildung einer ITC kommen kann.

Im Winter bildet sich über dem rasch abkühlenden Kontinent ein starkes Hochdruckgebiet, aus dem Winde Richtung Tiefdruckgebiet über dem jetzt wärmeren Indischen Ozean strömen. Dieser **Wintermonsun** aus dem NO bringt zwischen Dezember und März trockene Luftmassen aus den Steppen und Wüstengebieten Zentralasiens mit sich, sodass eine ausgeprägte Trockenzeit herrscht (vgl. S. 29). Eine Ausnahme stellen nur Gebiete im Norden von Sri Lanka und um Madras in SO-Indien dar, weil der NO-Monsun, bevor er auf diese Gebiete trifft, den warmen Golf von Bengalen überquert. Im Bereich hoher Niederschläge wie an den Westghats gibt es tropischen Regenwald, im Lee der Berge dagegen Savanne. In weiten Teilen Indiens dominieren jedoch tropische Trocken- oder Monsunwälder, in denen sich die Bäume z. B. durch Abwurf des Laubes während des NO-Monsuns an die Trockenheit angepasst haben. Dass sich der Beginn des feuchten Sommermonsuns um mehrere Wochen verschieben kann, bedeutet ein großes Risiko für die Bauern, während zu starke Niederschläge im Bereich des Himalaja regelmäßig zu Überschwemmungen in Bengalen (Bangladesh, Kalkutta) führen.

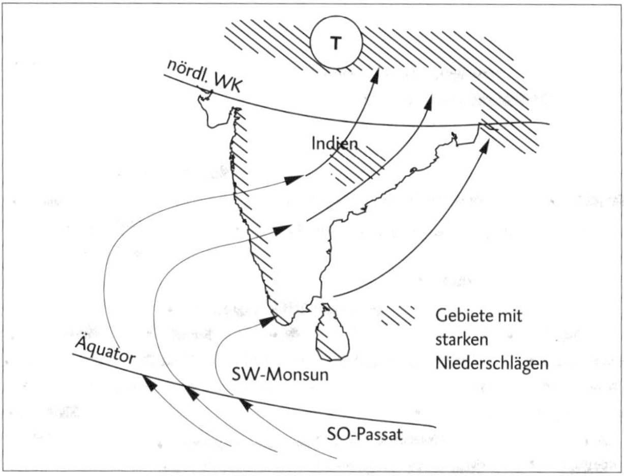

Sommermonsun

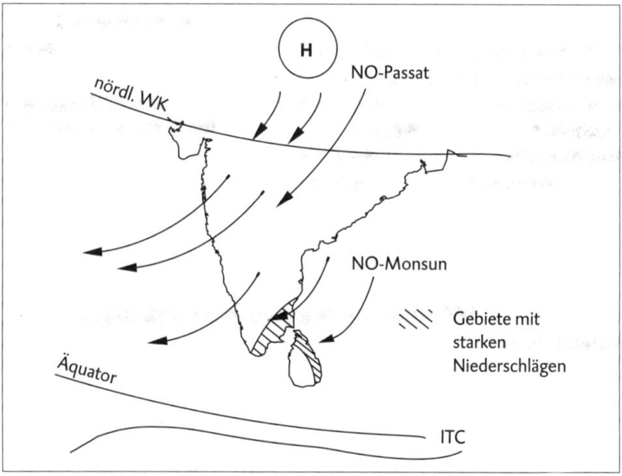

Wintermonsun

El Niño

„El Niño" (span.) bedeutet auf Deutsch „das Christkind" und beschreibt das Auftreten warmen Wassers im Bereich des kalten Humboldtstroms vor der Westküste Südamerikas um die Weihnachtszeit. Dieses Phänomen stellt eine **Zirkulationsanomalie** dar, d.h. einen Ausnahmezustand, der vom normalen Muster abweicht und **in unregelmäßigen Abständen** von mehreren Jahren auftritt. Im Normalzustand treibt der SO-Passat das warme Oberflächenwasser im tropischen Pazifik südlich des Äquators Richtung Westen nach Australien und Indonesien. Das vor der Küste Perus aus der Tiefe und aus dem Süden (Humboldtstrom) nachströmende Wasser ist kalt und nährstoffreich, weshalb es große Fischbestände ernährt. Im Westen des Pazifiks staut sich dagegen das warme Wasser bis über 15 cm hoch auf und erwärmt die darüber liegende Luft. Die aufsteigenden Luftmassen kühlen ab und entladen sich in heftigen Niederschlägen über den tropischen Regenwäldern SO-Asiens und NO-Australiens. Dann fließen sie in der Höhe zum Ostpazifik zurück, wo sie im Bereich des kalten Ozeans absinken und ein Hochdruckgebiet mit einhergehender Trockenheit schaffen. Da außerdem über dem kalten Ozean wenig Wasser verdunstet bzw. dort schon abregnet, bevor es das Land erreicht, herrscht entlang des peruanischen Küstenstreifens ein ausgeprägtes Wüstenklima vor. In El Niño-Jahren sind die SO-Passate schwächer ausgeprägt. Das führt dazu, dass die im Westpazifik aufgestauten Warmwassermassen in einer großen, 10–20 cm hohen Welle in den Ostpazifik schwappen und das dortige Kaltwasser verdrängen. Dadurch verändern sich auch die Druckgebilde und Zirkulationsmuster im Pazifik. Im Ostpazifik führt das warme Wasser zu steigenden Temperaturen und Verdunstung, sodass **Starkniederschläge** über den Küstengebieten Südamerikas niedergehen. Der durchschnittliche Niederschlag steigt von < 50 mm auf bis zu 1 000 mm, in den Bergen sogar auf 4 000 mm. Außerdem verschwinden mit dem kalten Wasser die für die Bevölkerung und Seevögel lebensnotwendigen Fischschwärme. Im Westpazifik dagegen herrscht aufgrund der fehlenden Niederschläge **Dürre**, die im Bereich des tropischen Regenwaldes, insbesondere wenn Brandrodung betrieben wird, zu großen Waldbränden wie in den Jahren 1997/98 führen kann, als große Teile SO-Asiens von riesigen Rauchschwaden bedeckt waren.

Die Ursachen für das Auftreten des El-Niño-Phänomens sind noch ungeklärt. Nach einigen Monaten stellt sich mit dem Erstarken der SO-Passate der Normalzustand wieder ein.

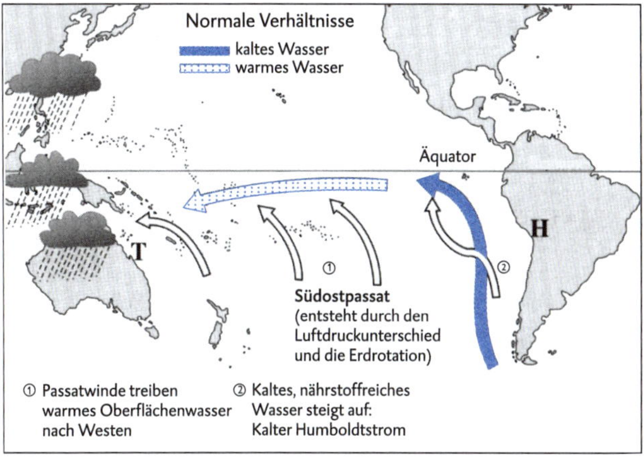

Normalzustand

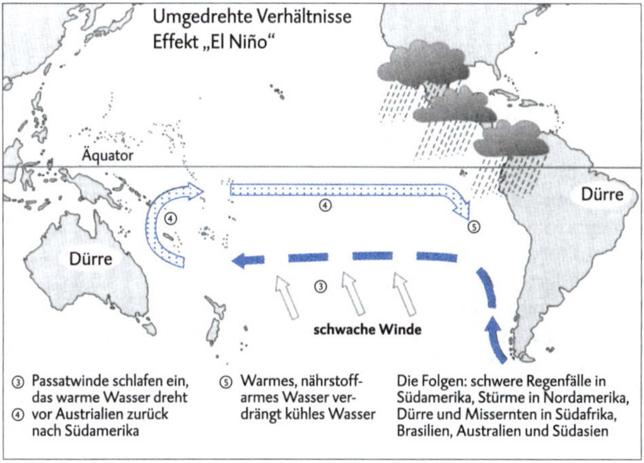

Zustand in El Niño-Jahren

3 Böden

3.1 Bodenbildung

Boden ist ein Umwandlungsprodukt aus mineralischen und organischen Substanzen, d. h. er entsteht hauptsächlich durch Verwitterung des Ausgangsgesteins und Zersetzung von Pflanzenmaterial. Bodenbildung ist ein fortwährender Prozess, bei dem in Abhängigkeit vom Ausgangsgestein, dem lokalem Klima, dem Relief und der Flora und Fauna Boden entsteht. Als weiterer Faktor spielt heute der Mensch eine Rolle, allerdings meist im destruktiven Sinne (vgl. Bodendegradierung, S. 35).

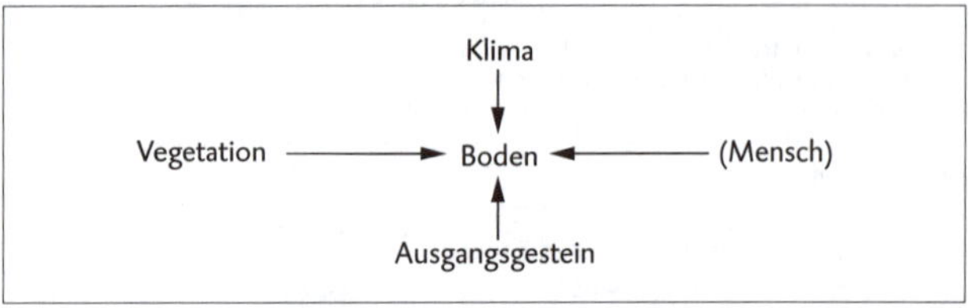

3.2 Bodentypen

Die Verbreitung von Bodentypen ist an bestimmte Klima- und Vegetationszonen gebunden. Die einzelnen Böden unterscheiden sich durch eine typische Abfolge der verschiedenen **Bodenhorizonte**, in die man sie unterteilen kann und die mit Großbuchstaben beschrieben werden. Die wichtigsten Bodenhorizonte sind:

O = Organische Auflage (Humus)
A = Mineralischer Oberbodenhorizont mit zersetzter organischer Substanz vermischt
B = Mineralischer Unterbodenhorizont aus verwittertem Ausgangsgestein
C = Ausgangsgestein (unverwittert)
G = abgeleitet von Gley; von Grundwasser beeinflusster Horizont
S = von Stauwasser beeinflusster Horizont

Diese Grundeinteilung kann durch angehängte Kleinbuchstaben weiter differenziert werden. Bei **Braunerde** zum Beispiel, dem zusammen mit Parabraunerde in Mitteleuropa am weitesten verbreiteten Bodentyp, mit der Horizontabfolge Ah–Bv–C, steht Ah (h = Humus) für einen humusreichen obersten Mineralbodenhorizont, während Bv (v = Verwitterung) für einen durch Verwitterung verbraunten und verlehmten mineralischen Unterbodenhorizont steht. Weitere Kürzel wie fe (Eisen) oder al (Aluminium) weisen auf einen besonders hohen Anteil an diesen Mineralien im jeweiligen Horizont hin.

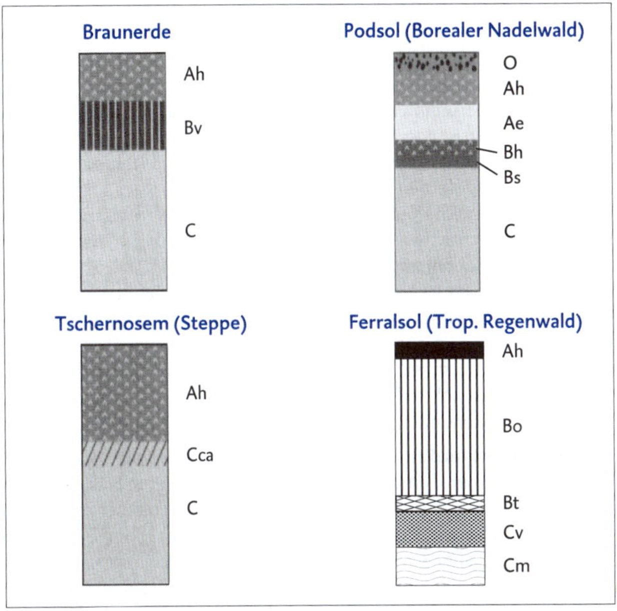

Dass Bodentypen an die Klima- und Vegetationszonen gebunden sind, ist durch den Entstehungsprozess bedingt, der exemplarisch an drei wichtigen Bodentypen geschildert werden soll:

- **Podsol (Bleicherde)**: Gibt es überwiegend im Bereich des borealen Nadelwaldes und in Heidegebieten. Abfallende Nadeln werden aufgrund niedriger Temperaturen nur sehr langsam zersetzt und eine dicke, stark saure organische Rohhumusauflage (O) entsteht. Wegen des Feuchtigkeitsüberschusses (Verdunstung < Niederschläge) werden mit dem Sickerwasser aus dem A-Horizont Mineralstoffe und Tonpartikel ausgewaschen, sodass ein grauer bis grauweißer Eluvialhorizont (Ae, Auswaschungshorizont) entsteht. Die mit dem Sickerwasser in den B-Horizont verbrachten Huminstoffe und Mineralien (Eisen, Aluminium) können dort bei Trockenheit zu fast undurchdringlichem **Ortstein** aushärten. Podsol ist ein saurer und aufgrund der Auswaschung sehr nährstoffarmer Boden und daher für die Landwirtschaft kaum geeignet, außer man düngt und kalkt ihn stark, wodurch er seine typischen Eigenschaften verliert.

- **Tschernosem (Schwarzerde):** Ein Steppenboden, der oft auf kalkhaltigen Lockersedimenten wie Löss entsteht. Das Klima der winterkalten Steppen ist geprägt von Trockenheit im Sommer und niedrigen Temperaturen im Winter. Die im feuchteren Frühjahr stark wachsenden Gräser werden daher nur langsam und unvollständig zersetzt und die organische Substanz reichert sich zu einem bis zu 100 cm mächtigen grauschwarzen Humushorizont (Ah) an. Eine intensiv arbeitende Bodenfauna, die organische und mineralische Stoffe durchmischt, und eine wegen der Trockenheit kaum vorhandene chemische Verwitterung verhindern die Ausprägung eines B-Horizontes. Der A-Horizont trifft direkt auf den C-Horizont, an dessen oberem Rand sich Kalk (Ca = Calcium) anreichert. Schwarzerde ist aufgrund ihres hohen Nährstoffgehalts und des stabilen Gefüges ein sehr fruchtbarer und hochwertiger Ackerboden.
- **Ferralsol (Roterde):** Im tropischen Regenwaldbereich kommt es wegen der hohen Temperaturen und des ausgeprägten Sickerwasserstromes, bedingt durch die hohen Niederschläge, zu einer so starken chemischen Verwitterung des Ausgangsgesteins, dass der C-Horizont oft erst in Tiefen von 20–50 m auftritt. Da auch das organische Material in diesem feucht-heißen Klima sehr schnell zersetzt wird, ist die Streuauflage sehr gering und auch der leicht saure Ah-Horizont nur durchschnittlich 20 cm breit. Der mächtige B-Horizont besteht zu 85 % aus Aluminium- und Eisenoxiden (Bo). Nur im untersten Teil befinden sich noch unzerstörte Tonmineralien (Bt). Dieser nährstoffreichere Bt-Horizont ist aber wie das Ausgangsgestein für die Pflanzenwurzeln kaum erreichbar. Die Nährstoffe aus der organischen

Substanz werden entweder sofort von Pflanzen wieder aufgenommen oder sie werden ausgeschwemmt. Dementsprechend ist der Boden im Bereich des tropischen Regenwaldes meist extrem nährstoffarm und unfruchtbar. Die Bäume besitzen nur flache Wurzeln und versuchen, sämtliche Nährstoffe nahe der Oberfläche aufzunehmen. Aufgrund dieses geringen Nährstoffgehaltes ist Ferralsol nur sehr bedingt für die landwirtschaftliche Nutzung geeignet. Die bei der **Brandrodung** freigesetzten Nährstoffe sind innerhalb weniger Jahre aufgebraucht oder durch den Regen ausgewaschen, sodass das Feld aufgegeben und ein neues Feld gerodet werden muss. Diese an das Potenzial des Ferralsols angepasste Form der Landwirtschaft nennt man **Wanderfeldbau** (engl.: shifting cultivation) (vgl. S. 132).

3.3 Bodendegradierung und -erosion

Die Degradierung von Boden bedeutet eine Verschlechterung seines landwirtschaftlichen Potenzials aufgrund eines Rückgangs der Bodenfruchtbarkeit. Hauptursache dafür ist eine falsche oder zu intensive Nutzung durch den Menschen. **Monokulturen** laugen den Boden einseitig aus, schwere Maschinen verdichten ihn, Pflanzenschutzmittel reichern sich an und zerstören die Bodenflora und -fauna. Durch falsche Bewässerung kann Boden versalzen oder bei ansteigendem Grundwasserspiegel auch versumpfen. Saurer Regen bewirkt besonders bei Waldböden eine bedenkliche Übersäuerung.

Noch problematischer ist die **Bodenerosion**, d. h. der Verlust des fruchtbaren Oberbodens durch Abtragung durch Wasser oder Wind. Ermöglicht wird sie durch die Zerstörung der natürlichen Vegetation. Insbesondere in Zeiten mit fehlender Pflanzendecke, wie während der Aussaat oder nach der Ernte, aber auch bei Anbau in Monokulturen von kaum bodenstabilisierenden Pflanzen wie Mais, kann es zu verstärkter Erosion kommen. Besonders häufig tritt Wassererosion wegen der erhöhten Abflussgeschwindigkeit an Hängen auf und Winderosion im trockenen, oft fast baumlosen Steppen- und Savannenbereich. Winderosion wird durch das Abholzen von die Windgeschwindigkeit reduzierenden Bäumen und Büschen noch verstärkt. Fortgeschrittene Bodenerosion kann dazu führen, dass der Boden bis zum Ausgangsgestein abgetragen wird und einige Gebiete landwirtschaftlich praktisch nicht mehr nutzbar sind.

4 Hydrosphäre

4.1 Der Wasserkreislauf

Wasser befindet sich in einem fortwährenden Kreislauf, der bestimmt wird durch Verdunstung als Folge der Sonneneinstrahlung, Kondensation und Wolkenbildung in der Troposphäre, Niederschlagsereignisse und anschließenden Abfluss zum Meer. Dabei verteilt sich das Wasser in etwa wie folgt auf der Erde:

Ozeane	Grundwasser	Oberflächenwasser	Polar- und Gletschereis	Atmosphäre
97,2 %	0,632 %	0,017 %	2,15 %	0,001 %

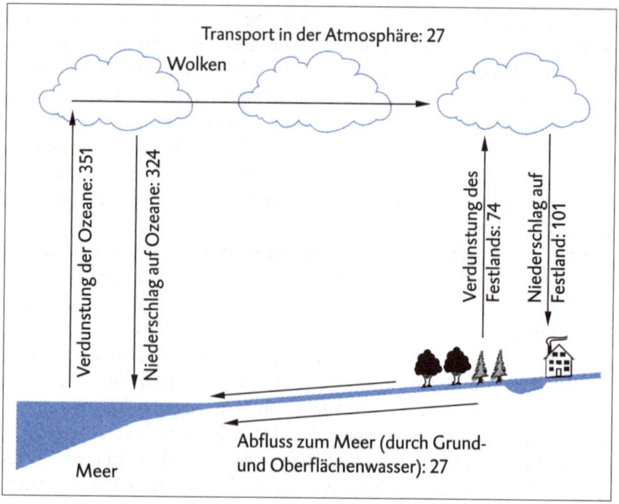

Der globale Wasserkreislauf (Zahlenangaben in 1 000 m^3. Abweichungen von anderen Angaben ergeben sich durch unterschiedliche Berechnungsmethoden.)

4.2 Süßwasser

Süßwasser ist eine für den Menschen überlebenswichtige **Ressource**. Der größte Teil des Süßwassers ist jedoch in Form von **Eis** in der Antarktis und Grönland gebunden und damit für den Menschen kaum nutzbar. Außerdem sind eine Vielzahl von Seen **Salzseen**, so zum Beispiel der größte See der Welt, das Kaspische Meer, oder auch der Aralsee.

Das für den Menschen wirklich nutzbare Süßwasser, das ihm durch den globalen Wasserkreislauf in Form von Niederschlägen, Grund- und Oberflächenwasser zur Verfügung steht, ist sehr ungleich verteilt (vgl. Karte S. 38). Es gibt **Wasserüberschussgebiete** wie den Bereich der tropischen Regenwälder, die Westküsten der Kontinente in den gemäßigten Breiten (Kanada, Britische Inseln, Norwegen) und durch den sommerlichen Monsun ausreichend mit Niederschlägen versorgte Gebiete in China, Indien und dem Osten der USA. Es gibt aber auch ausgeprägte Wassermangelgebiete wie nahezu den kompletten Orient, Zentralasien, die Great Plains in den USA und fast ganz Australien. Berücksichtigt man zusätzlich zu dem natürlichen Angebot an Süßwasser noch die Bevölkerungsverteilung und das -wachstum auf der Erde, so verschärft sich das Problem **Wassermangel** noch. Der ausreichend mit Süßwasser versorgte Bereich der tropischen Regenwälder wie auch die höheren Breiten (Kanada, Skandinavien) sind meist dünn besiedelt, während die ohnehin defizitären Gebiete wie der Orient inkl. Pakistan oder die Sahelzone ein sehr starkes Bevölkerungswachstum aufweisen. Da in Wassermangelgebieten die zur Verfügung stehende Wassermenge im Jahresverlauf stark schwanken kann, wird häufig versucht, eine gleichmäßige Versorgung durch Staudämme (Assuan/Nil in Ägypten, Atatürk/Euphrat in der Türkei, Hoover/Colorado bei Las Vegas) zu gewährleisten. Sie bieten außerdem den Vorteil, dass man mit ihrer Hilfe große Gebiete künstlich bewässern kann. Problematisch ist dabei aber die große Menge an Wasser, die in den Stauseen verdunstet, und das Entstehen von Konflikten mit anderen Anrainerstaaten. So erreicht der Colorado das Meer in Mexiko häufig nicht mehr und die Türkei könnte mit ihren Staudämmen an Euphrat und Tigris sowohl Syrien als auch dem Irak das Wasser abdrehen. Sehr problematisch ist die Situation auch in Israel/Palästina, da die Israelis den größten Teil des verfügbaren Süßwassers für ihre Zwecke beanspruchen.

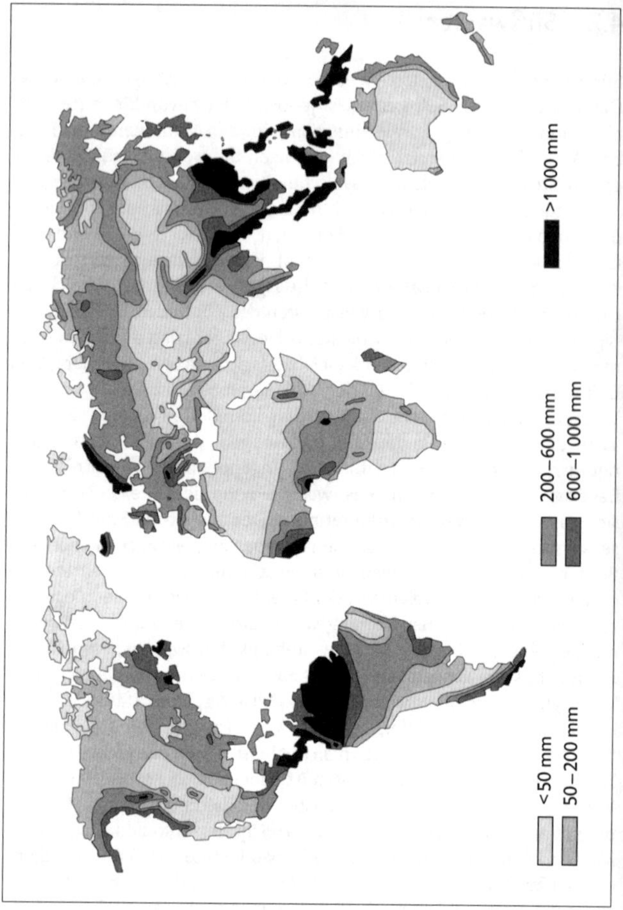

Verteilung des erneuerbaren Wasserdargebots in mm/m² pro Jahr

4.3 Meeresströmungen

Den Ozeanen wird je nach Breitenlage, ähnlich wie der Atmosphäre, unterschiedlich viel Sonnenenergie zugeführt. Diese thermischen Ungleichgewichte führen zusammen mit den Salzkonzentrationsunterschieden zu Ausgleichsströmungen in den Meeren, die man in ihrer Gesamtheit als das den ganzen Globus umspannende **große marine Förderband**, bzw. als **thermohaline Zirkulation** bezeichnet. Thermohalin steht für die beiden treibenden Kräfte hinter der Zirkulation: Unterschiede in Temperatur und Salinität. Je kälter und je salzhaltiger Wasser ist, umso schwerer ist es. Außerdem steigt der Salzgehalt bei der Bildung von Meereis, weil dieses kein Salz aufnimmt. Deshalb sinkt vor Grönland und um die Antarktis sehr kaltes, salzreiches Wasser ab und bewegt sich als Tiefenströmung um die Erde, bis es in den tropischen Bereichen des Pazifik und Indik wieder an die Oberfläche tritt. An der Oberfläche strömen warme Meeresströmungen aus den tropischen Bereichen in die höheren Breiten. Das bekannteste Beispiel ist der **Golfstrom** oder Nordatlantikstrom, der durch den Sog des absinkenden Wassers vor Grönland nach Norden gezogen wird. Auf dem langen Weg über den Atlantik verdunstet viel Wasser an der Oberfläche, wodurch sich der Salzgehalt des Golfstroms erhöht, was wiederum aufgrund des erhöhten Gewichts die Absinkgeschwindigkeit des nunmehr abgekühlten Wassers vor Grönland erhöht. Auch Meeresströmungen werden von der Corioliskraft abgelenkt. So beginnt der Golfstrom vor Florida seinen Weg nach Norden, wird aber nach Osten in Richtung Europa abgelenkt. Die Tiefenströmungen dagegen werden weit weniger von der Corioliskraft beeinflusst, da sie am Ozeanboden durch das Relief aus Gebirgen und Gräben geleitet werden.

Die thermohaline Zirkulation spielt eine große Rolle im Energietransfer zwischen Tropen und Polargebieten. Sie ist jedoch nicht konstant, sondern ändert besondes im Nordatlantik immer wieder ihre Ausprägung. So ist die Absinkbewegung und der Golfstrom vor ca. 12 000 Jahren zum Erliegen gekommen, als große Mengen Schmelzwasser, die beim Rückzug der eiszeitlichen Gletscher freigesetzt wurden, in den Nordatlantik gelangten und seine Salinität reduzierten. Ein Abstoppen und Wiederanspringen des Golfstroms kann jeweils innerhalb weniger Jahrzehnte erfolgen und führt zu drastischen **Klimaveränderungen**, insbesondere in NW-Europa, dessen Durchschnittstemperatur durch den Golfstrom um ca. 10 °C erhöht wird. Ein erneutes Abstoppen oder zumindest eine Verlangsamung des Golfstroms sind möglich, wenn im Rahmen des Treibhauseffekts große Mengen von Gletschereis, besonders in Grönland, schmelzen und die Salinität des Wassers reduzieren.

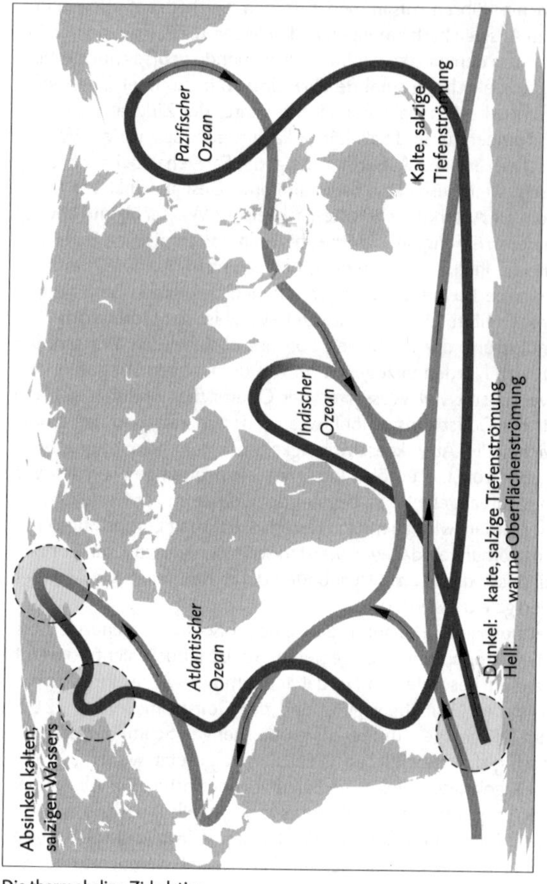

Die thermohaline Zirkulation

5 Die Zukunft des Planeten Erde

5.1 Der Treibhauseffekt

Man unterscheidet den natürlichen Treibhauseffekt und den anthropogenen Treibhauseffekt, der vom Menschen verursacht wird. Der **natürliche Treibhauseffekt** wird durch Wasserdampf und Spurengase wie CO_2 und Methan verursacht. Sie lassen ähnlich wie das Glasdach eines Treibhauses kurzwellige Sonnenstrahlung (vgl. S. 12) fast ungehindert passieren, absorbieren aber die von der Erdoberfläche nach dem Erhitzen durch die Sonne abgestrahlten langwelligen Wärmestrahlen und strahlen einen Teil dieser Wärmeenergie wieder Richtung Erdoberfläche zurück. Ohne diesen Effekt würde die globale Durchschnittstemperatur in Bodennähe statt +15 °C nur −18 °C betragen.

Der **anthropogene Treibhauseffekt** beruht auf demselben Prinzip und beschreibt die zusätzliche Erwärmung, die durch die Freisetzung von CO_2, Methan, Lachgas, FCKW und bodennahem Ozon durch den Menschen verursacht wird und im letzten Jahrhundert zu einem globalen Temperaturanstieg von ca. 0,7 °C geführt hat.

Zwar gibt es weitere Faktoren, die zu globalen Temperaturschwankungen führen, wie die Intensitätsschwankungen der Sonnenstrahlung (Solarkonstante), Veränderungen der Erdumlaufbahn um die Sonne, die vermutlich mitverantwortlich sind an der Abfolge von Eis- und Warmzeiten (Milankovic-Zyklen) und Vulkanausbrüche, die die Zusammensetzung der Atmosphäre verändern, doch zeigen Modellrechnungen der Wissenschaftler, dass sie für die jüngsten Veränderungen des globalen Klimas nur eine untergeordnete Rolle spielen. Hauptverantwortlich ist die zusätzliche Freisetzung von Treibhausgasen durch den Menschen, vor allem CO_2, das beim Verbrennen **fossiler Energieträger** (Kohle, Erdöl, Erdgas) freigesetzt wird und dessen Anteil in der Atmosphäre seit Beginn der Industrialisierung um rund 1/3 zugenommen hat.

Die Wirkung der verschiedenen Treibhausgase ist abhängig von ihrer Menge und ihrem Treibhauspotenzial im Vergleich mit CO_2. So ist Methan rund 21-mal und FCKW sogar fast 14 000-mal so stark wie CO_2. Beide kommen aber in wesentlich geringeren Mengen in der Atmosphäre vor als CO_2, das insgesamt mit rund 55 % zum anthropogenen Treibhauseffekt beiträgt (vgl. auch Übersicht S. 42). Pro Jahr bringt der Mensch derzeit fast 8 Mrd. Tonnen CO_2 in den normalerweise ausgewogenen **CO_2-Kreislauf** ein (vgl. Grafik S. 43), von denen allerdings nur knapp weniger als die Hälfte in der Atmosphäre verbleibt. Der Rest verschwindet in sogenannten CO_2-Senken, vor allem in den Weltmeeren und in der Biosphäre, weil ein erhöhtes Angebot an CO_2 die Pflanzen zunächst schneller wachsen lässt und sie dabei den Kohlenstoff in ihre Biomasse einlagern. Es ist zurzeit allerdings kaum vorhersehbar, wie lange diese Senken noch CO_2 aufnehmen können, während gleichzeitig die Freisetzung von CO_2 durch aufstrebende Nationen wie China sogar ansteigt.

Treibhausgase	Anthropogene Quellen	Anteil an der Atmosphäre in ppm	Mittlere Verweilzeit in Jahren	Relatives Treibhauspotenzial	Anteil zusätzlicher Treibhauseffekt
Kohlendioxid CO_2	Verbrennung fossiler Energieträger, Brandrodung	370,0	120	1	55 %
Methan CH_4	Reisfelder, Rindermägen, Mülldeponien	1,75	10,5	21	17 %
Distickstoffoxid (Lachgas) N_2O	Düngung, Verbrennung fossiler Energieträger	0,316	132	260	5 %
Ozon O_3 (troposphärisch)	Verkehr	0,030	2–3 Monate	1 800	14 %
Fluorchlorkohlenwasserstoffe (FCKW)	Treibmittel, Kältemittel	0,000291	65	3 970	9 %

Am anthropogenen Treibhauseffekt beteiligte Treibhausgase
(ppm: parts per million (hier: Teile pro Million Luftteilchen))

Als Folge des anthropogenen Treibhauseffekts muss mit einem weiteren **Temperaturanstieg** gerechnet werden. Zwar sind genaue Vorhersagen schwierig, weil z. B. der zukünftige Verbrauch fossiler Energieträger schwer abzuschätzen ist, doch haben die Forscher des IPCC (Intergovernmental Panel on Climate Change) einen Temperaturanstieg zwischen 1,4 und 5,8 °C bis zum Jahr 2100 prognostiziert. Dieser Anstieg würde sich jedoch ungleichmäßig verteilen. Während es in wenigen Gebieten vielleicht kaum wärmer würde, könnte es in den Nordpolarregionen zu einem Temperaturanstieg von über 15 °C kommen. Steigende Temperaturen lassen Gletscher schmelzen, woraus eine Erhöhung des Meeresspiegels um 0,5–1 m folgen kann. Außerdem verändert sich die Klimavariabilität. **Extreme Wettersituationen** wie Rekordhitze und Dürren, aber auch schwere Niederschlagsereignisse mit Überschwemmungen werden zunehmen. Im Extremfall kann es sogar zu einem Kippen des Golfstroms (vgl. S. 39 f.) kommen.

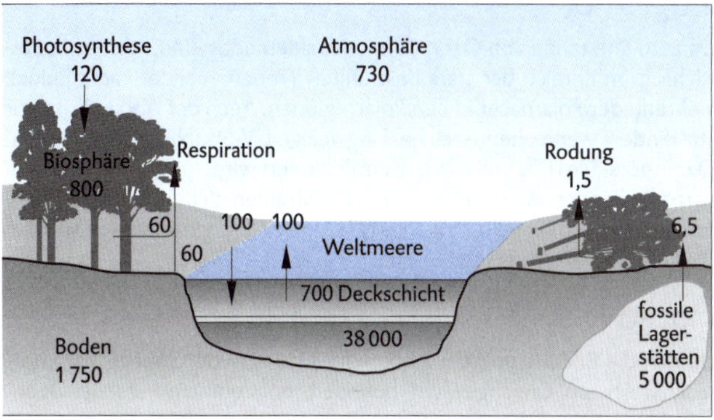

Der globale CO_2-Kreislauf

Um eine noch stärkere Zunahme der globalen Durchschnittstemperaturen zu verhindern, bieten sich verschiedene Maßnahmen an: Reduzierung des Energieverbrauchs, Umstieg auf erneuerbare Energien, Schutz der Wälder oder Aufforstungsprogramme. Im **Kyoto-Protokoll** werden bestimmte Zielvorgaben genannt. Da jedoch der größte Energieverbraucher USA das Protokoll bislang nicht ratifiziert hat, ist seine Wirksamkeit beschränkt.

5.2 Das Ozonloch

Entstehung und Abbau von Ozon

Ozon (O_3) ist in Bodennähe ein durch Luftverschmutzung hervorgerufenes giftiges Treibhausgas. In der **Stratosphäre** (vgl. S. 13) jedoch, in der sich 90 % des Ozons konzentrieren, bildet es die lebenswichtige **Ozonschicht**, die einen Großteil der für Organismen schädlichen, energiereichen **UV-Strahlung** (v. a. UVB- und UVC-Strahlung) abhält.

Ozon entsteht, wenn Sauerstoffmoleküle von energiereichen Photonen der UV-Strahlung zu Sauerstoffradikalen zerlegt werden:

1. O_2 + Photon < 242 nm = O + O
2. $O_2 + O = O_3$

Da zum Entstehen von Ozon Sonnenstrahlen nötig sind, wird es hauptsächlich im Bereich der stark bestrahlten Tropen gebildet, nicht jedoch während der Polarnacht in den Polarregionen. Auch der Abbau kann nur stattfinden, wenn energiereiche, langwellige UV-Strahlung > 242 nm auf Ozonmoleküle trifft und von diesen absorbiert wird. Aufgrund dieser Absorption können die energiereichen UV-Strahlen nicht in tiefere Schichten der Atmosphäre eindringen. Als Folge der Energieaufnahme werden die Ozonmoleküle zersetzt:

3. O_3 + Photon > 242 nm = O_2 + O
4. $O_3 + O = 2\,O_2$

Da sich die Bildung und der Abbau des Ozons in der Stratosphäre normalerweise im Gleichgewicht befinden, entsteht eine stabile Ozonschicht. Allerdings kann das Ozon auch mithilfe von Katalysatoren wie Chlor (Cl), Brom (Br), H, OH und NO zersetzt werden. Am Beispiel des Wasserstoffradikals OH aufgezeigt, läuft dies folgendermaßen ab:

1. $OH + O_3 = HO_2 + O_2$
2. $HO_2 + O = OH + O_2$

Katalysatoren werden bei der Zersetzung von Ozon also nicht aufgebraucht. So kann z. B. ein Chloratom zwischen 10 000 und 100 000 Ozonmoleküle zerstören, bevor es in einer stabilen chemischen Verbindung gefangen wird. Je mehr Katalysatoren in die Stratosphäre gelangen, umso stärker wird die Ozonschicht ausgedünnt. Sie kann jedoch nicht zerstört werden, weil durch die Sonneneinstrahlung, besonders in den Tropen, ständig neues Ozon gebildet wird, das in Richtung Pole abfließt und dort die Ozonschicht erneuert. Allerdings kann in den jeweiligen rühjahren in den Polargebieten, besonders über der Antarktis, die Aus-ünnung der Ozonschicht so stark sein, dass man von einem **Ozonloch** pricht, auch wenn es sich nur um einen Bereich mit geringerer Ozon-onzentration handelt.

ründe für die Entstehung des Ozonlochs

ufgrund der im Winter deutlich stärkeren Temperaturunterschiede wischen Polen und Tropen herrschen größere Luftdruckunterschiede, vas wiederum zu stärkeren **Polarwirbeln** (starken Ostwinden) führt, die inen Transport von Ozon aus den Tropen zu den Polen während des Vinters verhindern, während dort wegen der Polarnacht kein Ozon ge-ildet werden kann. Aufgrund der unterschiedlichen Land-Meer-Ver-eilung sind diese Polarwirbel über der Antarktis sehr stabil, über der rktis jedoch nicht, wodurch dort mehr Ozon nachgeführt wird und die)zonkonzentration stabiler bleibt.

Außerdem bilden sich im Winter wegen der extrem niedrigen Tempe-aturen über den Polargebieten **Stratosphärenwolken**, die den Ozon-bbau fördern. Salpetersäure, die ansonsten Chloratome binden kann, iert dort an und die freien Chloratome können im Frühjahr unter Ein-uss des UV-Lichts das Ozon zerstören.

Da es während der Polarnacht keine UV-Strahlung gibt, tritt das Ozon-och erst während des noch kalten Frühjahrs auf. Mit steigenden Tem-eraturen lösen sich die Stratosphärenwolken wieder auf, neues Ozon trömt aus den Tropen heran und während des Polartages wird neues)zon gebildet, sodass die Ozonkonzentration wieder ansteigt.

Dieser natürliche Zyklus wird durch den Menschen beeinflusst, in-em er chlorhaltiges **FCKW** in die Atmosphäre entlässt, wodurch die atürliche Konzentration an Katalysatoren in der Stratosphäre, z. B. als olge von Vulkanausbrüchen, die unter anderem Chlor und Brom frei-etzen, zunimmt und die Ozonabbauprozesse verstärkt werden. Dies gilt ls **Hauptursache** für den seit den 50er-Jahren in der Antarktis gemes-enen Rückgang der Ozonwerte. Da die Produktion von FCKW, das ebenbei ja auch noch ein sehr starkes Treibhausgas ist (vgl. S. 42), ızwischen eingestellt wurde, prognostizieren die Wissenschaftler eine tabilisierung beziehungsweise einen Wiederanstieg der Ozonkonzen-ration über der Antarktis bis 2050. Allerdings kann dies durch den reibhauseffekt hinausgezögert werden, weil höhere Temperaturen in er Troposphäre mit niedrigeren in der Stratosphäre (Stratosphären-volken!) korrelieren.

Wirtschaftsgeografische Grundlagen

Ziel des Wirtschaftens ist die Verwirklichung der **Grunddaseinsfunk tionen** (Arbeit, Versorgung, Wohnen, Bildung, Erholung). Um eine größtmöglichen Bedarf (Nachfrage) nach Sachgütern und Dienstleistun gen zu decken (Angebot), ist ein wirtschaftlicher Umgang mit knappe Gütern **(ökonomisches Prinzip)** notwendig. Voraussetzung dafür is eine hohe Produktivität, bei der mit geringstem Aufwand an **Produk tionsfaktoren** (Arbeit, Boden, Kapital, Wissen) ein maximaler Ertrag er zielt wird.

Die ständige Verbesserung der Produktionsmittel (Werkzeuge, Ge räte, Maschinen) besonders durch technische Fortschritte führte zu be ruflicher Spezialisierung, effizienteren Produktionsmethoden und dami zu einer hohen **Produktivität**. Mit minimalem Aufwand an Produktions faktoren werden ein maximaler Ertrag und eine bessere Versorgung de Bevölkerung mit Konsumgütern erzielt.

Die stetig zunehmende Arbeitsteilung löste die Einheit von Produzie ren und Konsumieren in sich selbst versorgenden Haushalten auf. A die Stelle der Substitutionswirtschaft in **Agrargesellschaften** traten **In dustriegesellschaften**, in denen Technisierung und Spezialisierung be der Herstellung von Massengütern besonders ausgeprägt sind. Zugleic wuchs die gegenseitige Abhängigkeit bei Produktion und Konsumptio sowie deren räumliche Verflechtung. Die Herstellung von Gütern und ih Angebot auf den Märkten erfolgen durch Unternehmen. Die Verkaufs erlöse werden für die Bezahlung der Produktionsfaktoren und Steuer aufgewendet bzw. bilden die verbleibenden Gewinne. Private Haushalte deren erwerbstätige Mitglieder die Haushaltseinkommen erwirtschaf ten, versorgen sich aus dem Angebot der Einzelhandelsgeschäfte auf lo kalen Märkten. Sie können darüber hinaus andere Bedürfnisse (z. B. Bil dung, Erholung) befriedigen. Ein Teil der Einkommen wird an den Staa in Form von Steuern, Gebühren und Beiträgen abgeführt. Mit dem Im und Export wird der **Wirtschaftskreislauf** weiter differenziert und mi dem Ausland verknüpft.

1 Wirtschaftssektoren und -räume

Zum **primären Sektor** der Volkswirtschaft gehören Fischerei, Land- und Forstwirtschaft sowie der reine Bergbau (ohne Aufbereitung). Im **sekundären Sektor**, dem produzierenden Gewerbe, werden Energie- und Wasserversorgung, Grundstoff- sowie das verarbeitende Gewerbe (u. a. Maschinen- und Anlagenbau, Kfz-, Schiffsbau- und Flugzeugbau, Baugewerbe, Nahrungsmittelindustrie, Handwerk) zusammengefasst. Zu den Dienstleistungsbetrieben des **tertiären Sektors** gehören Handel, Verkehr, Nachrichten, Banken und Versicherungen, Gastgewerbe, private (Berater, Rechtsanwälte, Ärzte, Fremdenverkehr, Tourismus) und öffentliche Dienstleistungen (Verwaltung, Bildung, Kultur). Wissenschaftseinrichtungen (Universitäten, Forschungsinstitute) stellen als **quartärer Sektor** eine Erweiterung des tertiären Sektors dar.

1.1 Wirtschaftsentwicklung

Technische Innovationen (Spinnmaschine 1768/69, mechanischer Webstuhl 1785, Dampfmaschine 1769, Hochofen 1766) markierten in England den **Beginn der Industriellen Revolution**, mit der der Übergang von der Agrar- zur Industriegesellschaft erfolgte. Weitere **Basisinnovationen** im Transportwesen (Dampfmaschine 1807, Eisenbahn 1814, Automobil 1885), der Elektrotechnik (Elektromotor 1821), der Nachrichtentechnik (Fernschreiber 1837, Telefon 1861), in den Herstellungsverfahren (Fließband 1870) und der Energieerzeugung (Kraftwerke 1882) veränderten die langfristige Wirtschaftsentwicklung. Prägende Erfindungen verlagerten in der Folge den Schwerpunkt des Fortschritts auf immer neue Bereiche.

Das Modell der Zyklen wirtschaftlicher und gesellschaftlicher Entwicklung (**Kondratieff-Zyklen**) zeigt eine Weiterentwicklung der gesamtwirtschaftlichen Leistung, erst im Bereich der Arbeitsteilung, dann der Verfügbarmachung von Rohstoffen, im 3. Zyklus im Bereich der Gestaltung lebenswerter Urbanität, dann der Förderung der Individualität und Mobilität und schließlich als Beitrag zur Lösungssuche bei Problemen des Miteinanders. Dabei entwickelten sich die Handelsnetze weiter zu Verkehrs-, Energie-, Kommunikations- und Wissensnetzwerken.

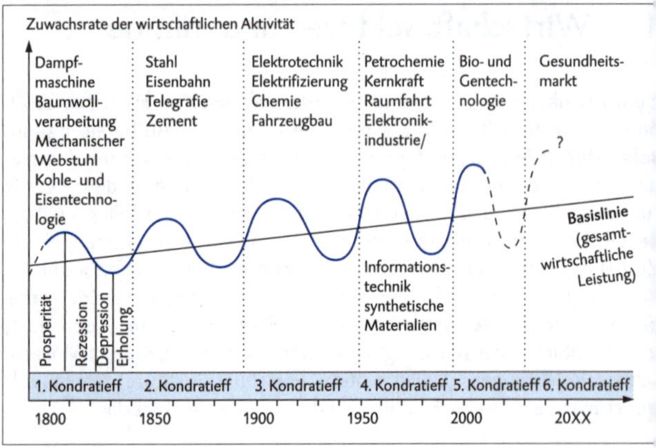

Kondratieff-Zyklen

Damit verschieben sich Beschäftigtenzahlen und Wirtschaftsleistung der Wirtschaftssektoren und erhalten eine veränderte Bedeutung für die **Volkswirtschaft**. Während in der Agrargesellschaft der größte Teil der Arbeitskräfte seinen Lebensunterhalt in der Landwirtschaft erwirtschaftete, brachte die Industrielle Revolution neue Beschäftigungsmöglichkeiten in den Fabriken. Zeitgleich setzten verbesserte Methoden in der Landwirtschaft viele Arbeitskräfte frei, die zu den Industriestandorten wanderten, schnelles industrielles Wachstum ermöglichten und den sekundären Sektor zum dominierenden Bereich der Wirtschaft und Gesellschaft machten. Damit verbunden war die Ausbildung neuer städtischer Lebensweisen, die durch das **Nebeneinander von Industrie und Dienstleistungen** geprägt waren.

Heute kennzeichnen rationelles, arbeitsteiliges Wirtschaften, technologischer Fortschritt, ein leistungsfähiges Verkehrs- und Kommunikationsnetz und die Konzentration von Wirtschaft und Bevölkerung in Verdichtungsräumen die Staaten mit hoch entwickelter Wirtschaft. Statt der industriellen Produktion bestimmen die Anforderungen und Möglichkeiten der **Dienstleistungs- und Informationsgesellschaft** die sozioökonomischen Strukturen. Die Informationsgewinnung, -verarbeitung und -vermittlung schafft neue Berufsfelder und ermöglicht die Erzeugung neuer Produkte mit immer geringerem Arbeitskräfteeinsatz.

1.2 Wandel der Wirtschaftsräume

Industrie- und Agrarräume

Verbesserte Kommunikations- und Verkehrsnetze erleichtern die Außen- und Binnenwirtschaft, ermöglichen eine schnelle Reaktion auf den Wandel in der Nachfrage, die Bedarfsdeckung bei Rohstoffen und Vorprodukten sowie eine höhere Standortflexibilität. Sinkende Transport- und Kommunikationskosten haben zur Ausweitung des grenzüberschreitenden Handels, zur ökonomischen **Globalisierung** geführt. Der technische Fortschritt, geringere Energiepreise und Zölle sowie ein stabiles politisches Umfeld beeinflussen die Aus- und Verlagerung von Betrieben. Dezentralisierung und Konzentration auf ausgewählte Wirtschaftsbereiche erhalten eine wachsende Bedeutung. Diese Prozesse verändern historisch gewachsene Wirtschaftsräume und erschweren eine Typisierung der Raumstruktur.

Industrieräume beanspruchen gegenüber **Agrarräumen** eine relativ geringe Fläche und sind formal und funktional durch die Industrie geprägt und häufig auf der Grundlage wichtiger Bodenschätze oder einer sehr guten Verkehrslage entstanden. Industrialisierte Räume weisen meist ein dichtes Netz städtischer Siedlungen mit hoher Zentralität, eine hohe Urbanisierungsquote und ein dichtes Verkehrs- und Versorgungsnetz auf und sind zu Verdichtungsräumen geworden (z. B. Rhein-Ruhr, Rhein-Main, München, Berlin, Hamburg). Ein Bedeutungsverlust der Altindustrie führt zu Standortwechsel, Betriebsstilllegung und rückläufiger Wertschöpfung im sekundären Sektor (**Deindustrialisierung**).

Im **ländlichen Raum** ist die Bevölkerungsdichte gering, die Zentralität der Siedlungen niedrig, das Verkehrsnetz weitmaschig. Der Anteil der Beschäftigten im sekundären und tertiären Sektor ist gegenüber Industrie- oder Verdichtungsräumen geringer. Dagegen ist der Beitrag der Landwirtschaft zum Inlandsprodukt höher.

Wirtschaftsordnungen

Wirtschaftsordnungen steuern die Tätigkeit der Produzenten, Händler und Konsumenten. Bis 1990 konkurrierten die marktwirtschaftlich-kapitalistische und die planwirtschaftlich-sozialistische Ordnung. In der **zentralen Planwirtschaft** (z. B. in der DDR) war der Staat Eigentümer der Produktionsmittel und steuerte die Wirtschaft durch Bedarfs-, Produktions- und Verteilungspläne nach ideologischen Zielsetzungen („Aufbau des Sozialismus“). Zugleich entstand eine Raumstruktur, die die Aufgaben der Standorte innerhalb der zentralen Planwirtschaft widerspiegelte. Grundstoff- und Verarbeitungsindustrien wurden in großen Betriebseinheiten (Kombinaten) zusammengefasst und räumlich konzentriert, für die Volkswirtschaft wichtige Zweige trotz mangelnder Konkurrenzfähigkeit (z. B. Textilindustrie) subventioniert. Die fehlende wirtschaftliche Handlungsfreiheit der Betriebe verhinderte ein flexibles Eingehen auf Kundenwünsche. Die Folgen waren Versorgungsengpässe und mangelhafte Produktqualität („Mangelwirtschaft").

In der **freien Marktwirtschaft** (z. B. USA) erfolgt der Ausgleich von Angebot und Nachfrage auf dem Markt. Dabei bestimmt die Suche nach größtmöglichem Gewinn der Unternehmer und kostengünstigster Bedarfsdeckung der Haushalte die wirtschaftlichen Entscheidungen. Die wirtschaftliche Entwicklung ist daher kurzfristigen Schwankungen (**Konjunktur**) unterworfen. Naturkatastrophen, Kriege, Innovationen, neue Märkte, Bevölkerungsentwicklungen und staatliche Eingriffe sind exogene Ursachen. Endogene Ursachen dieser Schwankungen sind Veränderungen in Verbrauch, Spartätigkeit und Produktion von Haushalten und Unternehmen. Materielle Produkte durchlaufen eine zyklische Entwicklung (**Produktionslebenszyklus**), in der sich ihre Gestaltung, die Produktions- und die Absatzbedingungen von der Entwicklung und Einführung über das Wachstum zur Reife verändern und schließlich aufgrund abnehmender Gewinne in ihrer Bedeutung schrumpfen. Deshalb bewirken die verschiedenen Anforderungen an den Produktionsstandort räumliche Verlagerungen und die Entstehung von Gebieten unterschiedlicher Wirtschaftsentwicklung und -kraft. Die Konkurrenz von Anbietern und Nachfragern ermöglicht wirtschaftlichen Fortschritt und wachsenden Wohlstand.

Seit dem Zusammenbruch des Ostblocks haben sich im Wesentlichen das marktwirtschaftliche System bzw. Mischformen durchgesetzt. Mit der **sozialen Marktwirtschaft** (z. B. in Deutschland) sollen mögliche soziale Härten, die sich aus dem Leistungs- und Preiswettbewerb der freien Marktwirtschaft ergeben können, ausgeglichen werden und Vollbeschäftigung, Preisstabilität, soziale Sicherheit und Vermögensbildung verwirklicht werden. Der Staat schafft nur die Rahmenbedingungen für die Preisbildung durch Angebot und Nachfrage auf dem Markt, und verhindert Monopolbildungen, um ein möglichst breites Güter- und Leistungsangebot zu gewährleisten.

2 Die Wirtschaftssektoren

2.1 Landwirtschaft

In der Landwirtschaft werden im Bereich Ackerbau, Viehwirtschaft, Garten-, Gemüse- und Obstbau sowie Sonderkulturen (z. B. Wein) Nahrungsmittel, tierische Produkte und pflanzliche Rohstoffe erzeugt.

Grundlagen der Pflanzenproduktion

Das Pflanzenwachstum ist abhängig von der Intensität der Solarstrahlung, dem Wasserhaushalt, den Böden und den Oberflächenformen eines Raumes. Gunstfaktoren für die Landwirtschaft bestehen

- in hoher **natürlicher Bodenfruchtbarkeit** (vor allem optimale Bedingungen bei hohem Humusanteil, Porenvolumen, Durchlüftung, Wasser- und Wärmespeichervermögen, Nährstoffgehalt sowie beim Krümelgefüge) und
- in einer langen **Vegetationsperiode** (Mitteltemperaturen mindestens 90 Tage/Jahr über 5 °C, ausreichende Niederschlagsmenge und möglichst gleichmäßige -verteilung).

Nur ein Drittel der Erdoberfläche (ca. 159 Millionen km^2) ist landwirtschaftlich nutzbar. Die Fläche des Ackerbaus ist dabei nur halb so groß wie die der extensiven Weidewirtschaft.

Trockengrenzen (zu geringe Dauer und Intensität der Humidität), **Höhengrenzen** und **Polargrenzen** (Wärmemangel) limitieren die Bodennutzung. Ökonomische und demografische Faktoren bestimmen das Verhältnis von Aufwand und Ertrag und die Größe der Anbauflächen. Neben natürlichen Schwankungen von Klima und Witterung (ökologische Faktoren) entscheiden auch **menschliche Eingriffe** über Quantität und Qualität der Produktion.

Agrarregionen der Erde

Polare und subpolare Zone werden nur inselhaft landwirtschaftlich genutzt. Im borealen Nadelwald wird Holzwirtschaft und Jagd betrieben. Zum Äquator hin schließt sich eine Zone der **intensiven Grünlandwirtschaft** (Rinder-, Schafhaltung) an, die aufwändige Rodung, Be- und Entwässerung sowie Saat und Düngung ertragreicher Grünpflanzen erfordert und weitgehend auf die USA, Kanada, Neuseeland und Europa beschränkt ist. Sie geht über in die Agrarregionen der **Gemischtbe-**

triebe der gemäßigten Breiten bzw. der Subtropen und des **spezialisierten Marktfruchtanbaus** mit hohem Kapitalaufwand bei hoher Arbeits- und Flächenproduktivität. In den großen Trockengebieten Afrikas und Asiens wird **nomadische Weidewirtschaft** (Rinder, Ziegen, Kamele) betrieben. Die geringe Pflanzenproduktion der Naturweiden erfordert großräumige Wanderungsbewegungen und die saisonale Verlegung der Siedlungsplätze. Regionen der **extensiven stationären Weidewirtschaft** befinden sich in Savannen- und Steppengebieten am Rande der agronomischen Trockengrenze. Häufig erfolgt eine marktorientierte Spezialisierung auf nur eine Tierart (Rinder-, Schafhaltung) in Großbetrieben. Diese Form der Landnutzung ist besonders anfällig gegenüber naturbedingten Risiken und Marktveränderungen.

Wanderfeldbau und **Landwechselwirtschaft** sind Nutzungssysteme der Subsistenzwirtschaft v. a. in den Entwicklungsländern der Tropen. Nach Rodung oder dem Abbrennen der Primärvegetation sinken die Erträge schnell ab, die ausgelaugten Böden erfordern häufige Flächenwechsel. Der hohe Flächenbedarf der wenig intensiven Nutzung begünstigt Bodendegradation und ökologische Schäden v. a. im tropischen Regenwald. Der Anbau von **Reis** (1/5 der Weltgetreidefläche) ist an vielen Standorten möglich. Die Ansprüche an den Boden sind gering, an Wärme und Niederschlag hoch. Nassreisanbau auf gefluteten Feldern ergibt höhere Erträge als Trocken-(„Berg"-)Reis. **Kleinbetrieblicher intensiver Ackerbau** mit geringem Kapital- und relativ hohem Arbeitseinsatz bei hoher Flächenproduktivität ist das traditionelle Nutzungssystem der Entwicklungsländer. Eine spezifische Form der Spezialisierung (Monokultur) und Weltmarktorientierung ist die Plantagenwirtschaft (z. B. Zuckerrohr, Ananas) in Großbetrieben mit hohem Kapital- und Arbeitseinsatz. **Mischbetriebe** gelten aufgrund der Vielfalt an Feldfrüchten und Nutztieren als ökologisch stabil und sind besonders produktiv.

Nutzung der Wälder

Wälder sind Ökosysteme mit lebenswichtigen Funktionen. Sie werden als Rohstofflieferant v. a. für Holzprodukte, Papier, Zellstoff genutzt. Die Ausdehnung der Wälder in gemäßigten Breiten ist weitgehend stabil, da der Holzeinschlag durch Wiederaufforstung kompensiert wird. Waldschäden werden in erster Linie durch Luftschadstoffe verursacht. Tropische Wälder (70 % der Weltbiomasse) sind durch Ausweitung der Plantagen, Ausdehnung von Weideflächen, Brenn- und Nutzholzeinschlag sowie die Brandrodung von Kleinbauern besonders stark gefährdet.

2.2 Industrie

Der **sekundäre Sektor** der Wirtschaft (Industrie) ist der überregional bedeutsame Teilbereich des produzierenden Gewerbes, in dem mit technischen Produktionseinrichtungen große Stückzahlen eines Halb- oder Fertigproduktes arbeitsteilig hergestellt werden.

Treibende Kraft der Industrialisierung waren die Entwicklungen im Steinkohlebergbau und in der Eisenerzeugung und -verarbeitung. Wesentliches Merkmal der industriellen Produktion wurde die Massenfertigung in Fabriken. Basisinnovationen, zunehmende Motorisierung und ein höherer Bedarf an Konsumgütern gaben der industriellen Entwicklung ständig neue Impulse und veränderten laufend die Industriestruktur der entwickelten Staaten.

Standortfaktoren

Mit der fortschreitenden technischen Entwicklung, der internationalen Arbeitsteilung und Veränderungen in der Organisationsstruktur der Industrie wandelten sich die **Kostenvorteile**, die durch die Lagebedingungen des jeweiligen Betriebsstandorts gegeben sind. Diese **„harten" Standortfaktoren** bestehen in der standortnahen Verfügbarkeit einer entsprechenden Zahl gut ausgebildeter Arbeitskräfte, an natürlichen Ressourcen, Anbindungen wichtiger Transportträger (Lage im Verkehrsnetz), der Verfügbarkeit von Flächen (auch für spätere Expansion), Absatzmärkten bzw. Kooperationen mit Partnern und Abnehmern sowie der Nähe zu Forschungseinrichtungen. Die **Standortwahl** ergibt sich aus der Bewertung der einzelnen Standortfaktoren und der Verflechtung der jeweils wichtigen Produktionsmerkmale (Rohstoff-, Arbeitskräfte-, Energie-, Verkehrs- und Absatzorientierung). Dabei spielt das Verhältnis von Kosten zu Produktivität die zentrale Rolle.

Heute haben die **„weichen" Standortfaktoren** (kulturelles und politisches Umfeld, staatliche Fördermaßnahmen, Erholungsmöglichkeiten, ökologische Situation, Image) größere Bedeutung gewonnen, während der Faktor Rohstoffe aufgrund der fortgeschrittenen technischen Entwicklung weniger wichtig geworden ist. Insgesamt führen gesellschaftliche, politische, wirtschaftliche und technische Entwicklungen zu einer ständigen **Neubewertung der Standortfaktoren** und zum Wandel der Wirtschaftsräume. „Altindustrialisierte" Räume (z. B. Ruhrgebiet in Deutschland, Manufacturing Belt in den USA, Pottery District in England) verlieren an Bedeutung, wenn sie ihre Wirtschaftsstruktur dem

Wandel nicht anpassen. Eine erfolgreiche Diversifizierung wird beeinträchtigt durch den Mangel an geeigneten Flächen, die einseitig auf die Leitindustrie ausgerichtete technische Infrastruktur, die geringe Attraktivität des wirtschaftlichen Umfeldes und potenzielle Altlasten.

Die Gewichtung der Standortfaktoren und die räumliche Verteilung sind **branchenspezifisch**. Rohstofforientierte Betriebe (Kraft- und Hüttenwerke, Zementindustrie) siedeln sich in der Nähe der entsprechenden mineralischen Vorkommen oder Abbaugebiete an. Betriebe mit hohem Energiebedarf (Eisenerzeugung) suchen die Nähe zur preisgünstigsten Energiequelle. Textil- und elektrotechnische Industrie, Feinmechanik und Datenverarbeitung benötigen qualifizierte Arbeitskräfte. Die Verarbeitung von Massengütern oder kleinteiligen Zwischenprodukten ist transportorientiert (Hüttenwerke in Hafennähe, Verbrauchsgüterindustrie an Eisen- und Autobahnknoten). Verbrauchernähe ist wichtig für die Massenproduktion von Verbrauchsgütern (z. B. für Haushalt, Garten) und für die Nahrungs- und Genussmittelindustrie.

Wandel der industriellen Produktion

Gegenwärtig ist die Wirtschaft der Industriestaaten durch ein hohes Maß an Verflechtung in allen Bereichen der Produktion und des Handels (**Globalisierung**) gekennzeichnet. Damit ist eine Verschiebung von der Massen- zur **flexiblen Produktion** und **Spezialisierung** verbunden. Die Merkmale der Globalisierung sind

- der Einsatz von Hochtechnologie,
- „Verschlankung" und Flexibilisierung der Produktion zur schnellen Reaktion auf eine veränderte Nachfrage,
- kleine Lagerbestände,
- dezentrale Kooperation und Entscheidungen.

Daher suchen die Industriebetriebe die standortnahe enge Kooperation mit Zulieferbetrieben („Just-in-time"-Logistik) und betriebsexternen Dienstleistungen (Banken, Versicherungen, Unternehmensberatungen, wissenschaftliche Einrichtungen). Staatliche Interventionen (gezielte Betriebsansiedlung, steuerliche Anreize oder Subventionen) haben eine Verlagerung von Produktionsstandorten zulasten traditioneller altindustrieller Räume nicht verhindern können. Die verbleibenden industriellen Bereiche stellen hier nur noch einen Teil einer **diversifizierten Wirtschaftsstruktur** dar, können allerdings als „produktives Milieu" den Aufbau neuer „regionaler Netzwerke" begünstigen.

2.3 Dienstleistungen

Mit der fortschreitenden technologischen Entwicklung in allen Bereichen von Wirtschaft und Gesellschaft gewinnt der tertiäre Sektor immer größere Bedeutung. Die in anderen Wirtschaftssektoren frei werdenden Arbeitskräfte können im Dienstleistungsbereich eingesetzt werden, der durch Einkommenserhöhungen eine stärkere Nachfrage erfährt. Damit vollzieht sich der Übergang von der Industriegesellschaft zur **(postindustriellen) Informations-, Kommunikations- und Wissensgesellschaft**. Die Bedeutung des Dienstleistungssektors ist Ausdruck der wirtschaftlichen Entwicklung eines Landes und in den hoch entwickelten Volkswirtschaften entsprechend größer als in weniger entwickelten.

Gliederung der Dienstleistungen

Die Vielfalt des tertiären Sektors ermöglicht unterschiedliche Gliederungen. Das **Qualitätsmerkmal** unterscheidet einfache (Friseur, Bäcker), höherwertige (Lehrtätigkeit) oder produktionsorientierte Dienstleistungen (Wartung, Reparaturen). Bei der **Häufigkeit der Nutzung** wird in tägliche (Einzelhandel), periodische (Arzt) und episodische (Versicherung) Dienstleistungen unterschieden. Dienstleistungen können öffentlich (Schule), konsumorientiert (Tourismus) oder unternehmensorientiert (Wirtschaftsberatung) sein. Infolge Personal sparender Technologien und längerer Haltbarkeit der Produkte schrumpfen einfache produktions- und konsumorientierte Bereiche. Dagegen steigt die Nachfrage nach höherwertigen unternehmensorientierten (Finanzdienstleistungen, Transport, Verkehr, Kommunikation, Großhandel). Ursachen sind die weltweite Arbeitsteilung mit zunehmender Spezialisierung der Betriebe, neue Logistik-Konzepte und kürzere Produktlebenszyklen. Auch **öffentliche Dienstleistungen** (Sozialwesen, Bildung, Kultur) erleben aufgrund demografischer Entwicklungen, höherer Einkommen und wachsender Ansprüche an staatliche Leistungen einen Zuwachs.

Standortfaktoren des Dienstleistungsgewerbes

Wichtige Standortkriterien sind die Infrastruktur, Kundennähe, Grundstückspreise, Arbeitsmarktlage (entsprechend qualifizierte Arbeitskräfte sowie voraussichtliche Lohn- und Gehaltskosten), Branchenkontakte (funktionale Cluster) und Konkurrenzsituation, **demoskopische** Strukturen (z. B. Finanzkraft und Nachfragepotenzial potenzieller Kunden),

Abgaben (z. B. von Steuern) sowie Förderpräferenzen (z. B. Investitionszulagen). Hinsichtlich der weichen Standortfaktoren werden **unternehmensbezogene** (Wohnqualität, Image des Standortes, Wirtschaftsklima in einer Stadt, Mentalität der Bevölkerung, Qualität der Umwelt) und **personenbezogene** (Nähe zu Schulen und Ausbildungsstätten, Reiz bzw. Freizeitwert eines Ortes, kulturelles Angebot) unterschieden.

Räumliche Auswirkungen der Dienstleistungsgesellschaft

Die Standortwahl der Dienstleistungsbetriebe beeinflusst die **Zentralität** (vgl. S. 57) der Siedlungen. Oberzentren profitieren von dieser Entwicklung. Die Zunahme von Arbeitsplätzen im Dienstleistungsbereich äußert sich räumlich-funktional in der **City** durch die zunehmende Zahl von Bürogebäuden und die Umwandlung von Wohn-, Gewerbe- oder Industriearealen in tertiärwirtschaftlich genutzte Flächen. In den Citylagen konzentrieren sich Geschäfte mit hochwertigen Waren und gehobene privatwirtschaftliche Dienstleistungen (Rechtsanwalt, Arzt, Finanzdienstleistungen, Versicherungen).

Je mehr Kundeneinzugsgebiet und Kaufkraft abnehmen, desto weitmaschiger wird das **primäre Standortsystem**, das wegen seiner Fühlungsvorteile von Anbietern und Konsumenten aufgesucht wird. Aufgrund der Flächenknappheit in den Citylagen weisen daher die Umlandbereiche von Großstädten (**sekundäres Standortsystem**) die höchsten Wachstumsraten im Dienstleistungsgewerbe auf. Dezentrale Dienstleistungszentren (Einkaufszentren, Möbel- und Baumärkte, Lager- und Transportbetriebe) und Bürokomplexe in der Peripherie der City bündeln wiederum das Dienstleistungsangebot und versorgen cityferne Wohnbereiche in fast gleicher Qualität und Quantität. Die enge Vernetzung des globalen Waren- und Informationsaustauschs führt zu einer Verstärkung der Zentralisierungsprozesse an hervorragenden Verkehrsstandorten mit Containerverkehr, Güterverkehrszentren und Flughäfen.

In Siedlungen ohne Zentralität ist die Ausstattung mit Dienstleistungen aufgrund steigender Mobilität (Motorisierung), geringerer Bevölkerungsdichte und niedrigerer Kaufkraft rückläufig.

Sinkende Transportkosten und technische Innovationen im Zuge der Globalisierung haben vor allem bei Dienstleistungen in der Kommunikationsbranche zur Verlagerung in ehemals periphere Standorte und Ausbildung neuer Zentren geführt (z. B. Call-Center, Software-Entwicklung in Indien).

3 Die Stadt

3.1 Stadttypen und Stadtmodelle

Stadtentwicklung und Städtewesen
In allen Kulturräumen der Erde spielen Städte eine herausragende Rolle. Hinsichtlich ihrer Physiognomie und ihrer Entwicklung bestehen aber große Unterschiede. So zeigt die **lateinamerikanische Stadt** in der Regel eine regelmäßige Grundrissform, nach Sozialschichten getrennte Wohnviertel und ein durch zentrale administrative Bauten (Gericht, Verwaltung, aber auch Kathedrale) hervorgehobenes Zentrum. Die **orientalisch-islamische Stadt** erscheint in ihrer Struktur mehr zufällig und regellos, aber vielfältig. Die Wohnviertel sind nach Sozialschichten und ethnischen Gruppen getrennt. Moschee, Basar, häufig auch Festungen sind Kennzeichen der Stadtmitte. Die **nordamerikanische Stadt** hat Schachbrettform und als Stadtmitte das Hauptgeschäftszentrum (CBD). Die Wohnviertel sind nach ethnischen Gruppen und sozialen Schichten getrennt. Auch die **chinesische Stadt** hat Schachbrettmuster, vom Zentrum (Palast, Glockenturm) gehen die Straßen in die Haupthimmelsrichtungen. Die **indische Stadt** verfügt ebenso über ein Hauptstraßennetz mit einem Netz kurzer Seitenstraßen und Sackgassen. Die Wohnviertel sind nach Kasten getrennt.

In Europa begannen sich Städte vor allem im Mittelalter zu entwickeln. Als fördernde Faktoren sind zu nennen: **Verkehrsgunst** (Kreuzung von Handelswegen, Flüssen), **Verfügbarkeit von Wasser**, **Handels-** und **Marktrecht** sowie ausreichender **Schutz**. Die sich um das religiöse Zentrum und den Markt ausbreitende Siedlung erfuhr häufig einen zusätzlichen Impuls durch planerische Eingriffe der Landesherrn (z.B. Karlsruhe als barocke Residenzstadt). Industriestädte entstanden im Zuge der Industrialisierung durch die Zusammenlegung von Dörfern zu großen Städten (z.B. Gelsenkirchen).

Stadtfunktionen
Die städtischen Funktionen ergeben sich aus den Grunddaseinsfunktionen. Städte verfügen über **Zentralität**, d.h. Bedeutungsüberschuss für das Umland. Der Zentralitätsgrad bestimmt ihren Rang in einer gestuften Hierarchie der „zentralen Orte“. Im Laufe der Stadtentwicklung kam es zu einer **räumlichen Trennung der Funktionen** innerhalb der

Stadt. Die unterschiedlichen Nutzungsarten führten zu einer inneren Differenzierung und zur Herausbildung von Stadtvierteln mit spezifischen Funktionen. Innerhalb der Stadt bestimmt zumeist der Grundstückspreis Art, Umfang, Höhe und Intensität der Bebauung. Im Stadtkern (City, Central Business District) ist die Intensität am höchsten. Zu den Rändern nimmt sie ab, auch wenn es zur Ausbildung von Nebenkernen kommen kann.

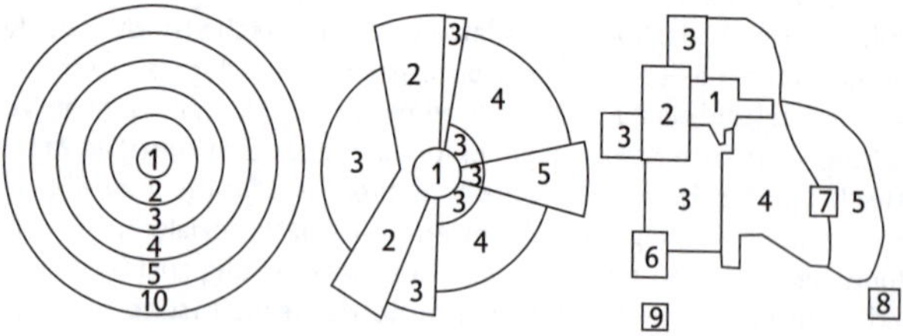

Kreis-Modell | Sektoren-Modell | Mehr-Kern-Modell

1. Innenstadt CBD
2. Großhandel und Leichtindustrie
3. Wohngebiet der Unterklasse
4. Wohngebiet der Mittelklasse
5. Wohngebiet der Oberschicht
6. Schwerindustrie
7. außerhalb liegende Geschäftszentren
8. Wohngebiete im suburbanen Raum
9. Industrie im suburbanen Raum
10. Pendlerzone

Stadtmodelle

Anders als die monozentrische Struktur z. B. Frankreichs oder Irlands (30 % aller Iren wohnen in der Hauptstadt Dublin) weist Deutschland eine dezentrale Raum- und Siedlungsstruktur auf. Auf dieser Grundlage werden Infrastruktur- und Versorgungseinrichtungen hierarchisch nach dem System der **„Zentralen Orte“** gebündelt. Hamburg, Düsseldorf, Frankfurt, Stuttgart, München und mit Einschränkungen auch Berlin und das Städteband Dresen, Chemnitz, Leipzig/Halle gelten als Metropolen von europäischer Bedeutung.

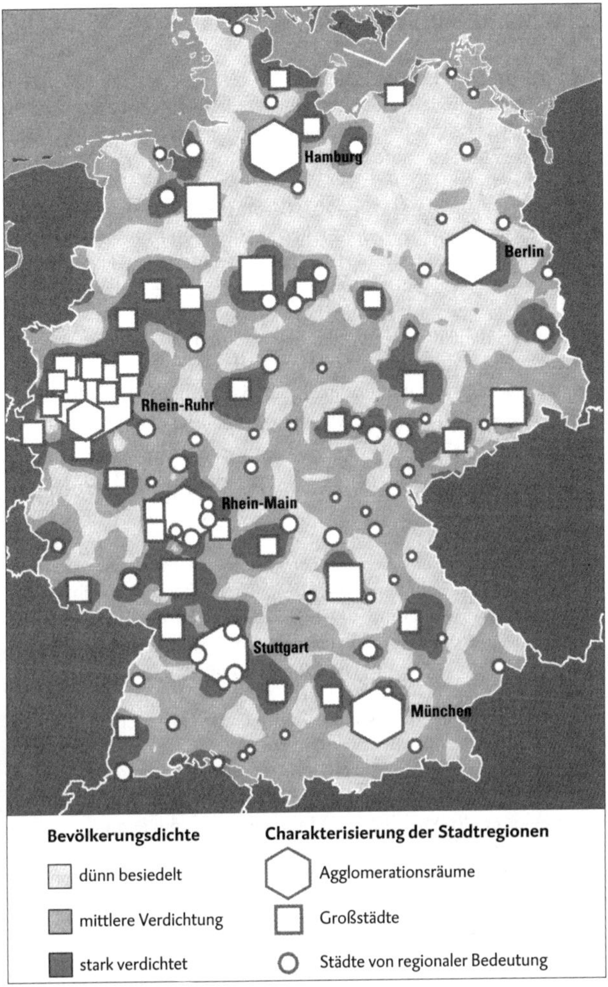

Zentrensystem Deutschland

3.2 Wandel im städtischen Bereich

Verstädterung und Urbanisierung

Der im 19. Jahrhundert einsetzende **Verstädterungsprozess** hat zu einer starken Zunahme der Stadtbevölkerung geführt. In den entwickelten Staaten Europas, Nordamerikas und Asiens liegt der Verstädterungsgrad zwischen 70 und 90 % der Bevölkerung, in Afrika und Südasien deutlich niedriger (35 bis 40 %). Die Anziehungskraft **(pull-Faktoren)** der Städte besteht in der Hoffnung auf besser bezahlte Arbeitsplätze, bessere Versorgung mit Waren und Dienstleistungen, ein größeres kulturelles und Bildungsangebot und bessere Lebensbedingungen. Den Herkunftsgebieten geht auf diese Weise besonders die junge und wirtschaftlich dynamische Bevölkerung verloren. In den entwickelten Staaten ist die **Land-Stadt-Migration** weitgehend abgeschlossen und hat sich sogar teilweise umgekehrt. Aufgrund größerer Mobilität (hoher Motorisierungsgrad), gestiegener Einkommen (Wohneigentum im Grünen) bei wachsenden Mietpreisen in der Stadt, einer Zunahme der Umweltbelastungen innerhalb der Stadt und größerer Arbeitsplatzflexibilität wachsen daher die Siedlungen im Umland **(Suburbanisierung)**.

City im Wandel

Die City ist der Bereich höchster Zentralität. Hier treffen sich zentrale Verkehrslinien und befinden sich die wichtigen öffentlichen Einrichtungen (Verwaltung). Aufgrund der hohen Besucherfrequenz wurde ein **Verdrängungsprozess** in Gang gesetzt, bei dem Wohnraum in gewerblich genutzte Flächen umgewandelt wurde. Um auf kleiner Fläche möglichst hohe Gewinne zu erzielen, wurden vielfach gewachsene Baustrukturen beseitigt und besonders hohe Gebäude errichtet. Die steigende Besucherzahl löst Synergie-Effekte aus, sodass sich der Verdrängungsprozess verschärft und die Bodenpreise weiter steigen. Die höheren Kosten und eine steigende Verkehrsbelastung machen die City als Wohngebiet unattraktiv. Die Einrichtung von Fußgängerzonen und die Verlagerung von Arbeitsstätten an andere Standorte erhöht nur teilweise die Attraktivität der City und verlagert die Probleme in Nebenkerne oder an die Stadtränder (Supermärkte auf der „grünen Wiese“).

Regionale Geografie: Deutschland in Europa

Die Bundesrepublik Deutschland gehört zu den **Gründungsmitgliedern** der Europäischen Union. Sie erhoffte sich Anfang der 1950er-Jahre durch die Westbindung eine Rückgewinnung von internationalem Vertrauen und Souveränität sowie eine Stärkung der jungen Demokratie durch wirtschaftliche Prosperität innerhalb eines westeuropäischen Wirtschaftsraumes. Heute ist Deutschland in Europa fest verankert. Es profitiert aufgrund seiner **zentralen Lage** vor allem nach der EU-Osterweiterung 2004 in besonderem Maße vom Wegfall der Exportbeschränkungen bei der Belieferung des größten „Binnenmarkts" der Welt: Über die Hälfte der deutschen Warenproduktion wird in Länder der EU geliefert, jeder sechste Arbeitsplatz ist von dieser **wirtschaftlichen Verflechtung** abhängig.

Besonders im Zuge der Wiedervereinigung waren die Mittel aus den EU-Fonds ein wesentlicher Bestandteil der Eingliederungs- und Anpassungsmaßnahmen für die neuen Bundesländer, deren BIP nur 50 % des EU-Durchschnitts betrug. Mit diesen Mitteln wurden Umweltschutz, Landwirtschaft, Außenhandel und Strukturpolitik gefördert. Vor allem durch Investitionen in die Industrie, die technische Infrastruktur, die Stadtsanierung und in den ländlichen Raum sollten die örtlichen Standortbedingungen verbessert werden.

Die Regionen Deutschlands profitierten in unterschiedlicher Weise von der europäischen Integration. München, Berlin und Frankfurt/M. entwickelten sich zu **dynamischen Verdichtungsräumen**, deren „Superstrukturen" (Transport und Kommunikation, kulturelle und Freizeitqualitäten) den Begriff **„global city"** rechtfertigen. In Ostdeutschland ist am ehesten für Dresden und Halle-Leipzig eine ähnliche Entwicklung zu erwarten. Verlierer sind die **zentrenfernen ländlichen Räume** außerhalb der europäischen und nationalen Entwicklungskorridore (z. B. in Thüringen, Mecklenburg, Brandenburg, die Oberlausitz) mit weiter anhaltenden Entleerungstendenzen.

1 Europa

1.1 Naturraum

Die naturräumliche Gliederung Europas ist bestimmt durch große Reliefunterschiede auf engem Raum und durch die Nebenmeere des Atlantiks, die weit in das Festland hineinreichen. Der geologisch-tektonische Aufbau und die Wirksamkeit exogener Kräfte haben zur Ausbildung verschiedener **Landschaftstypen** geführt.

Teile des mitteleuropäischen Tieflands, Fennoskandien und Teile Osteuropas gehören zu den **Moränenlandschaften**. Ihre Oberflächen wurden durch mächtige Inlandseismassen während der Eiszeit überformt. Nach dem Abschmelzen des Eises blieben End- und Grundmoränen zurück. Schmelzwasser und der ansteigende Meeresspiegel füllten Becken und Senken (Nord- und Ostsee), schufen Fjorde und Förden und trennten die Britischen Inseln vom Kontinent. Westeuropa und die Britischen Inseln, Korsika, Sardinien sowie das Mitteleuropäische Gebirgsland bestehen aus **Schollengebirgen** mit geringen Höhenunterschieden. **Rumpfgebirge** prägen die Iberische Halbinsel und den größten Teil Skandinaviens. Der Karpatenraum besteht aus **Gebirgs- und Beckenlandschaften**. **Junge Faltengebirge** bestimmen das Relief des Alpenraums, der Apenninen- und der Balkan-Halbinsel.

Klimazonen Europas

Klimatisch ist Europa geteilt in einen maritimen Westen und einen kontinentalen Osten. Unter Berücksichtigung der zonalen Anordnung der Landschaftsgürtel weist Europa folgende Klimatypen auf:

- **Maritimes Klima** im Westen mit kühlen Sommern und milden Wintern. Die vorherrschenden Westwinde bringen feuchte Luftmassen vom Atlantik auf das Festland. Viele Wolken, häufige und ergiebige Niederschläge sowie eine geringe Sonnenscheindauer sind die Folge.
- **Kontinentales Klima** im Osten und Norden mit warmen Sommern, und kalten Wintern. Starke Schwankungen der Tageslänge (Polartag und -nacht) prägen den Norden. Der warme Golfstrom beeinflusst die Westküste Skandinaviens (hohe Niederschläge, eisfreie Häfen), wird aber nach Osten durch Gebirge abgeschwächt. Mit der zunehmenden Kontinentalität des Klimas gehen die Niederschläge zurück.

- **Mitteleuropäisches Übergangsklima** von Maritimität zu Kontinentalität im Osten mit Jahresniederschlägen zwischen 500 und 750 mm. Regionale Differenzierungen treten im Bereich der Luv- und Leeseiten der Gebirge (vor allem der Alpen) und in Becken auf.
- **Mittelmeerklima** mit warmen, trockenen Sommern und feuchten, milden Wintern (Winterregengebiet). Gebirge (Pyrenäen, Alpen) verhindern polare Kaltlufteinbrüche.

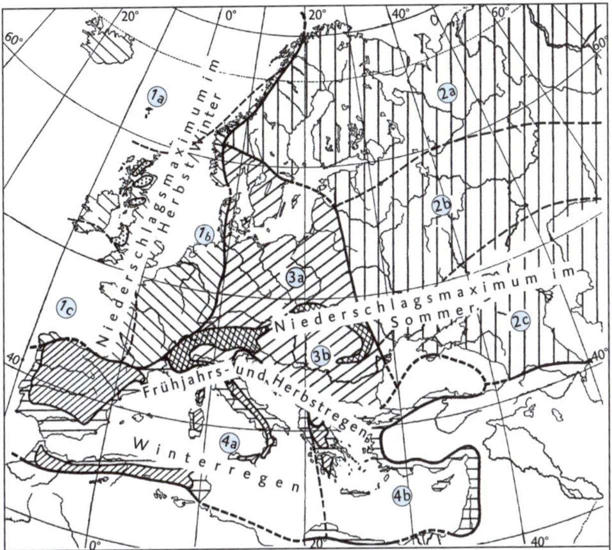

① **Maritimes westeuropäisches Klima**
kühle Sommer, relativ milde Winter, Abgrenzung nach Osten: + 1°-Januar-Isotherme und 18 °-Jahresamplitude
a nordwestlicher Abschnitt, Julimittel < 12° C
b Mittelabschnitt, Januarmittel < +5° C
c Südabschnitt, maritim, Januarmittel > +5° C
Punktierte Flächen: Hochlandklima Westeuropas

③ **Mitteleuropäisches Übergangsklima**
a nördlicher Abschnitt, Julimittel < 20° C
b südlicher Abschnitt, Julimittel > 20° C
Mit Kreuzraster ausgefüllte Flächen: mitteleuropäisches Gebirgsklima

② **Kontinentales ost- und nordeurop. Klima**
Abgrenzung nach Westen: – 5°-Januar-Isotherme und 25°-Jahresamplitude
a nördl. Abschnitt, Julimittel < 18°C
b mittl. Abschnitt, Julimittel < 22°C
c südl. Abschnitt, Steppenklima, Julimittel > 22° C

④ **Mittelmeerklima**
Abgrenz.: 5°-Januar-Isotherme, trockene Sommer
a westmediterr. Abschnitt
b ostmediterr. Abschnitt: Etesienklima i. e. S.
Enge Linienschraffur: Meseta- und mittelmeerisches Gebirgsklima

Karte Klimaregionen Europas

Vegetationszonen Europas

Der überwiegend zonalen Ausprägung des Klimas folgt die Anordnung der Vegetationszonen. Im mediterranen Raum herrscht **Hartlaubvegetation** (immergrüne bzw. blattarme Sträucher und Stauden) auf Braunlehmen und Terra-Rossa-Böden vor. Die mittleren Breiten sind Standorte der **sommergrünen Laub- und Mischwälder** (Eichen-, Buchen- und Kastanienwälder bzw. Kiefern und Fichten) auf Braun- und Parabraunerden und von Graslandschaften. Im **borealen Nadelwald** Nord- und Nordosteuropas wachsen Kiefern und Fichten auf Podsolböden. Mit zunehmender geografischer Breite geht die Vegetation in die **Tundra** (Flechten, Moose, Sträucher) des hohen Nordens über. In Osteuropa schließen sich **Steppen** mit tiefgründigen Schwarzerden an, die mit der Abnahme des Niederschlags nach Süden in kastanienfarbene Böden geringeren Humusgehalts übergehen.

1.2 Kultur- und Wirtschaftsraum

Geologisch und physisch-geografisch ist Europa ein Teil des Doppelkontinents **Eurasien**. Im Westen und Norden wird es durch den Atlantik, im Süden durch das Mittelmeer abgegrenzt. Im Osten wird die Linie vom Uralgebirge bis zum Kaspischen Meer als Grenzlinie angesehen.

Die Eigenständigkeit des zweitkleinsten Kontinents (10 Millionen km^2) ist in der einheitlichen Zivilisation und Kultur der über 700 Millionen Einwohner begründet. Der **Kulturerdteil** Europa entwickelte sich aus dem griechisch-römischen, dem slawischen und dem angelsächsischen Kulturkreis. Seine **gemeinsamen Wurzeln** liegen in der Antike und dem Christentum, in der Renaissance, dem Humanismus und der Aufklärung. Nach den beiden Weltkriegen, der Teilung und Wiedervereinigung Europas hat sich das Bewusstsein einer gemeinsamen **Wertegemeinschaft** verstärkt, wenn auch die seit dem Mittelalter gewachsenen Nationalstaaten heute noch die staatliche Gliederung bestimmen. Die Vielfalt der Ethnien und Einzelregionen sowie die Unterschiedlichkeit der jüngeren politischen, wirtschaftlichen und sozialen Entwicklung mit dem daraus resultierenden Konfliktpotenzial macht die Entwicklung eines europäischen Gemeinschaftsgefühls und des Bewusstseins einer europäischen Identität zum Ziel der **europäischen Einigungspolitik**.

Wirtschaftsraum Europa

Das räumliche Muster der Wirtschaftskraft ist ein Ergebnis der wirtschaftlichen und politischen Entwicklung seit der Industrialisierung. In den Gründerstaaten der Europäischen Gemeinschaft Frankreich, Niederlande, Belgien, Luxemburg, Italien und Deutschland sind die transnationalen Verflechtungen von Produktion, Handel und Kommunikation und die wirtschaftliche Dynamik seit der 2. Hälfte des 20. Jahrhunderts hoch entwickelt. Die Position dieser Staaten wurde mit der Nord- (Irland, Großbritannien, Dänemark) und Süderweiterung (Griechenland, Spanien, Portugal) sowie dem Beitritt Österreichs, Schwedens und Finnlands und der Integration der neuen Mitglieder in die europäische Wirtschaft gestärkt. Die Osterweiterung der EU um weitere 12 Länder (Polen, Tschechien, Lettland, Estland, Litauen, Slowakei, Ungarn, Slowenien, Malta, Zypern, Bulgarien, Rumänien) erfordert große finanzielle Anstrengungen. Ziel ist eine gestärkte Gemeinschaft des Friedens, der Stabilität und des Wohlstands, die Schaffung neuer Arbeitsplätze und die Verbesserung der Lebensqualität im **Europäischen Wirtschaftsraum** (EWR).

Aktiv- und Passivräume

Von den englischen Midlands über Holland, die Rheinachse, Süddeutschland und die Schweiz bis nach Norditalien verläuft ein **Verdichtungsband**, das die wirtschaftliche Kernregion Europas darstellt. Innerhalb dieser sog. „**Blauen Banane**" finden sich neben von Altindustrien geprägten Räumen (z. B. Ruhrgebiet, Midlands, Nord-Pas-de-Calais) Standorte moderner Industrien und des Dienstleistungssektors. Besonders **Großstädte** und ihr unmittelbares Umland sind wirtschaftliche Aktivräume. Nach Süden wird die Achse durch aufstrebende Standorte an der Mittelmeerküste in Frankreich, Spanien und Italien verlängert.

Wirtschaftliche Passivräume befinden sich im Westen (Portugal), Norden (Skandinavien), Süden (Mezzogiorno Italiens, Balkan-Halbinsel, Griechenland) und v. a. im Osten (ehemaliger Ostblock). Die Ausbildung **räumlicher Disparitäten** basiert auf natürlichen Gegebenheiten und politisch-historischen Entwicklungen. Die Nord-Süd-Disparität besteht in der größeren wirtschaftlichen Dynamik des überwiegend industriell geprägten Nordens gegenüber dem eher agrarischen Süden. Die West-Ost-Disparität kennzeichnet den Unterschied zwischen den marktwirtschaftlichen Staaten mit parlamentarischer Demokratie und den ehemals sozialistischen Staaten mit Zentralverwaltungswirtschaft.

Das Gefälle zwischen **Zentrum** und **Peripherie** innerhalb Europas äußert sich in abnehmender Wirtschaftskraft der Regionen, geringeren Einkommen, niedrigerer Investitionstätigkeit und höherer Arbeitslosigkeit. Die Vorstellung vom Europa der Regionen ist ein Ansatz zur Überwindung dieser Unterschiede und zur Wiederherstellung historisch gewachsener Raumstrukturen.

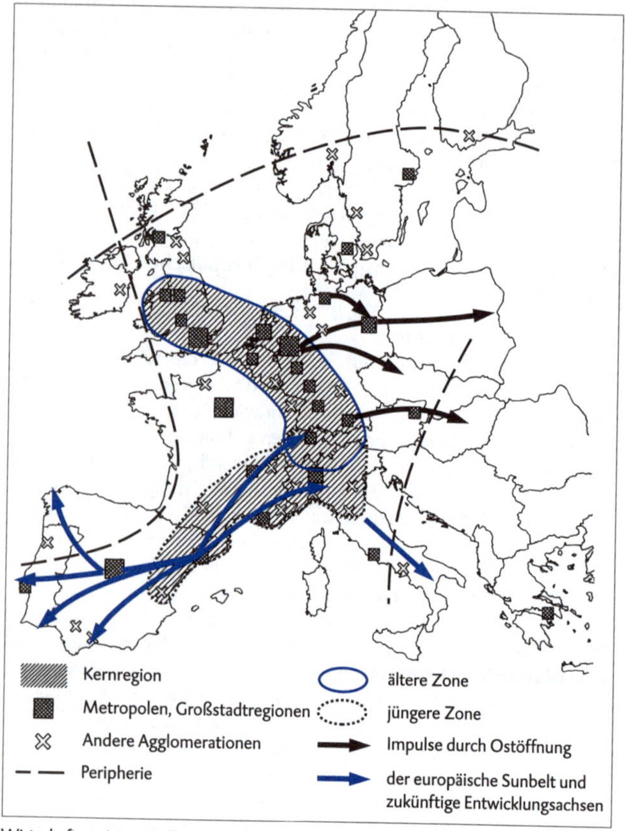

Wirtschaftsregionen in Europa (Europa in den Grenzen vor 1991)

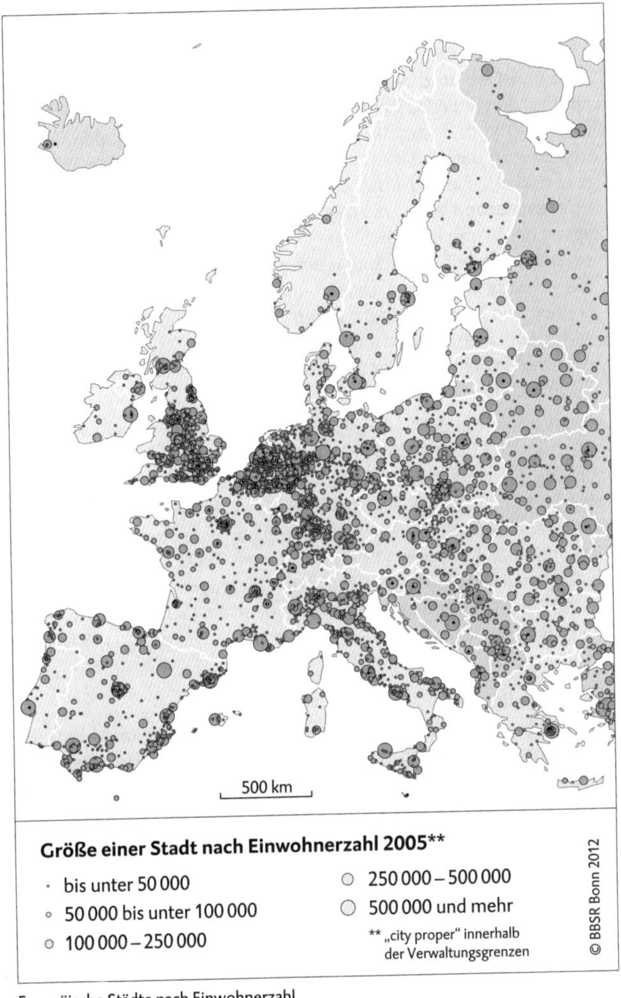

Europäische Städte nach Einwohnerzahl

1.3 Wirtschaft im vereinten Europa

Die Staaten **Ost- und Mittelosteuropas** wurden nach dem Zweiten Weltkrieg durch die UdSSR mit dem Rat für gegenseitige Wirtschaftshilfe (RGW) in den sowjetischen Einflussbereich eingebunden und erlebten eine an den Bedürfnissen der Sowjetunion orientierte „planmäßige wirtschaftliche und wissenschaftlich-technische Integration".

In **Westeuropa** waren die Motive der europäischen Integration und Einigung der Wunsch nach:
- einem neuen Selbstverständnis einer supranationalen Gemeinschaft;
- Sicherheit und Frieden nach Jahrhunderten von Krieg und Gewalt;
- Freiheit und Mobilität für die Bürger;
- wirtschaftlichem Wohlstand und
- wirtschaftlicher und politischer Stärke angesichts der neuen Supermächte USA und Sowjetunion.

Die nationalen Handelshemmnisse wurden zunächst durch einen ökonomischen und funktionalistischen Ansatz abgebaut, dem eine spätere politische Einigung folgen sollte. Die Europäische Gemeinschaft für Kohle und Stahl (**EKGS**, Montanunion 1952: Frankreich, Deutschland, Italien, Benelux-Staaten) regelte die Erzeugung von Eisen und Stahl. Mit den Römischen Verträgen (1957) wurden die **EWG** (Europäische Wirtschaftsgemeinschaft) und die **Euratom** (Atomgemeinschaft) geschaffen und 1967 mit der EGKS zu den Europäischen Gemeinschaften **(EG)** zusammengefasst. Nach Nord- (1973) und Süderweiterung (1981, 1986) entstand das „Europa der Zwölf".

Strukturpolitik

Die Vorteile der vertieften Zusammenarbeit bestanden im **Abbau der Handelshemmnisse** und in der **Erweiterung des Marktes**. Der damit verbundenen Vergrößerung der räumlichen Disparitäten sollte in der **EG-Regionalpolitik** durch die **Strukturfonds** entgegengewirkt werden:
- Regionalfonds zur Verringerung regionaler Ungleichgewichte
- Sozialfonds zur Verbesserung der Beschäftigungsstruktur
- Agrarstrukturfonds zur Anpassung der Agrarstrukturen und zur Entwicklung ländlicher Gebiete.

Empfänger waren Regionen mit Entwicklungsrückstand, besonders geringer Bevölkerungsdichte, hoher Arbeitslosigkeit, rückläufiger industrieller Entwicklung und die Agrar- und Forstwirtschaft. Mehr als ein Fünftel der Gemeinschaft (vor allem in Griechenland, Irland, Portugal, Teilen Spaniens, Italiens und in Ostdeutschland) lebte in solchen Regionen, in Deutschland mehr als 1/3 der Bevölkerung. Die als einseitig kritisierte Förderpolitik des Agrarbereichs („Butterberge", „Milchseen") wurde im Rahmen der **Agenda 2000** gestrafft. Seitdem sollen durch konzentrierten und sparsamen Einsatz der Mittel die strukturpolitischen Ziele der

- Förderung der Entwicklung und der strukturellen Anpassung der Regionen mit Entwicklungsrückstand,
- Förderung **der wirtschaftlichen** und **sozialen Umstellung** der Gebiete mit Strukturproblemen (städtische Problem-, Industrie- und ländliche Gebiete, Fischereiregionen) und der
- Förderung **der Anpassung** und **Modernisierung** der Bildungs-, Ausbildungs- und Beschäftigungssysteme

erreicht werden. Dazu wurde die förderfähige Bevölkerung von über 50 % auf 40 % zurückgeführt.

Die Schaffung des Europäischen Binnenmarktes

Mit der Einheitlichen Europäischen Akte (**EEA**, 1987) wurden die Kompetenzen der Gemeinschaft erweitert und verstärkt. Die Verschärfung des internationalen Wettbewerbs, Globalisierung und fortschreitende Arbeitsteilung erzwangen eine Modernisierung, die der wachsenden Mobilität und Flexibilität, dem schnellen Tempo technischer Innovationen und dem Druck zur Rationalisierung gerecht werden sollte.

Der **einheitliche Binnenmarkt** wurde mit den Verträgen von **Maastricht** (1992) zur Wirtschafts- und Währungsunion weiterentwickelt. Für die Abstimmung der Wirtschafts-, Währungs- und Finanzpolitiken übernahm die **Europäische Zentralbank** (EZB) die Aufgaben als „Hüterin der Währung" (1993). 2002 wurde der **Euro** als gemeinsame Währung eingeführt. Die **Osterweiterung** (2004) und der **Beitritt von Rumänien und Bulgarien** (2007) führten die europäische Integration weiter. Das anhaltende Fehlen einer politischen Einheit zeigt sich jedoch besonders in der **Eurokrise** seit 2009. Hoch verschuldete Länder der Eurozone (Irland, Griechenland) gelten als nicht mehr kreditwürdig und können einen Staatsbankrott kaum noch aus eigener Kraft abwenden bzw. sind herabgestuft (Portugal, Italien, Spanien). „Rettungsschirme" (EFSM, ESM; 2010), finanziert von den wirtschaftlich starken EU-Ländern, sowie Hilfspakete der EZB und des Internationalen Währungsfonds sollen die finanzielle Stabilität der Eurozone sichern.

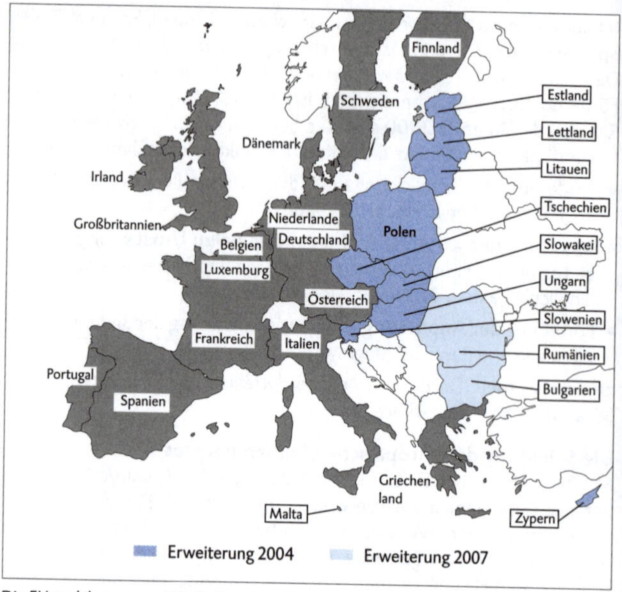

Die EU und ihre neuen Mitglieder

Freier Personenverkehr
Wegfall von Grenzkontrollen;
Harmonisierung der Einreise-, Asyl-, Waffen- und Drogengesetze;
Niederlassungs- und Beschäftigungsfreiheit für EU-Bürger;
verstärkte Außenkontrollen

Freier Warenverkehr
Wegfall von Grenzkontrollen;
Harmonisierung oder gegenseitige Anerkennung von Normen und Vorschriften;
Steuerharmonisierung

Freier Dienstleistungsverkehr
Liberalisierung der Finanzdienste;
Harmonisierung der Banken- und Versicherungsaufsicht;
Öffnung der Transport- und Kommunikationsmärkte

Freier Kapitalverkehr
Größere Freizügigkeit für Geld- und Kapitalbewegungen;
Schritte zu einem gemeinsamen Markt für Finanzleistungen;
Liberalisierung des Wertpapierverkehrs

Die vier Freiheiten im Binnenmarkt

Der Europäische Agrarmarkt

Die dirigistischen Maßnahmen der Europäischen Union beeinflussen die Landwirtschaft besonders stark. Der EU-Agrarmarkt beansprucht über 50 % des EU-Haushalts. Die Mittel der EU-Struktur- und Garantiefonds wurden für die **direkte Bezuschussung** der LW-Betriebe durch Flächen- und Produktprämien eingesetzt. Seit 2003 werden sie zur Förderung der Attraktivität ländlicher Räume, zur Verbesserung der Wettbewerbsfähigkeit und als Umwelt- und Angleichungsmaßnahmen an den Strukturwandel verwendet. Ziel der EU-Agrarpolitik ist die **Angleichung der Lebensverhältnisse** der Räume mit unterschiedlicher Naturraumausstattung, der Besitzstruktur, landwirtschaftlicher Traditionen und ihrer Bedeutung für die regionale Wirtschaft.

Damit hat die Landwirtschaft neben der Produktion von Agrargütern zugleich die Aufgabe, zum **Erhalt der Kulturlandschaft** als Grundlage für Erholung und Tourismus beizutragen.

Raumentwicklung in Europa

Das Europäische Raumentwicklungskonzept (EUREK) soll eine regional ausgewogene und nachhaltige Entwicklung und eine ausgeglichene Wettbewerbsfähigkeit innerhalb der Gemeinschaft durch Stärkung des wirtschaftlichen und sozialen Zusammenhalts und die Erhaltung der natürlichen Lebensgrundlagen und des Kulturerbes verwirklichen. In diese Leitvorstellung sind die nachgeordneten Planungen einzubeziehen. Sie werden auf der niedrigsten Verwaltungsebene möglichst nah an den Betroffenen (**Subsidiaritätsprinzip**) umgesetzt. Die Leitlinien sind:

- Orientierung am Leitbild eines ausgeglichenen polyzentrischen Siedlungssystems, das durch dynamische Entwicklungsregionen gestützt wird, die nach Osteuropa ausstrahlen;
- Stärkung regionaler Zentren und Ausbau eines hierarchisch abgestuften Netzwerks;
- Sanierung und Umstellung von altindustrialisierten und anderen Räumen mit großen Anpassungsproblemen.

Euroregionen

Vor allem an den Binnengrenzen der EU haben sich zur Verwirklichung einer **grenzüberschreitenden Zusammenarbeit** Euroregionen gebildet (vgl. S. 72), in denen Kommunen und Regionen beim Ausbau von Versorgungssystemen und Infrastruktur kooperieren. Euroregionen dienen auch der Verwirklichung wirtschaftlicher Ziele:

- Wirtschafts- und Regionalpolitik (Unternehmenskooperation, Branchenvielfalt, Arbeitsmarkt, Tourismus);
- gemeinsame Raum- und Regionalplanung, Städtebau, Abbau regionaler Disparitäten, Ausbau der Infrastruktur und Kommunikation;
- Bekämpfung von Umweltschäden.

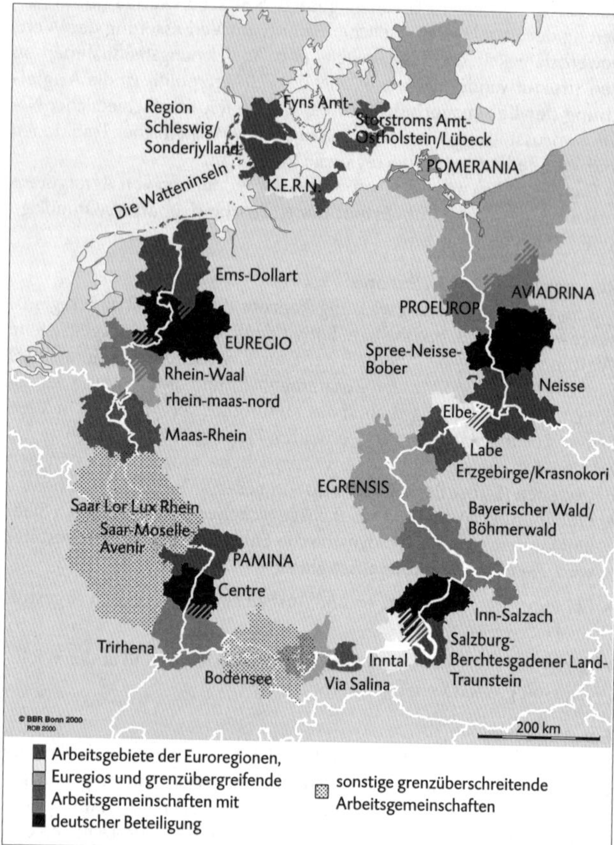

Grenzüberschreitende Zusammenarbeit

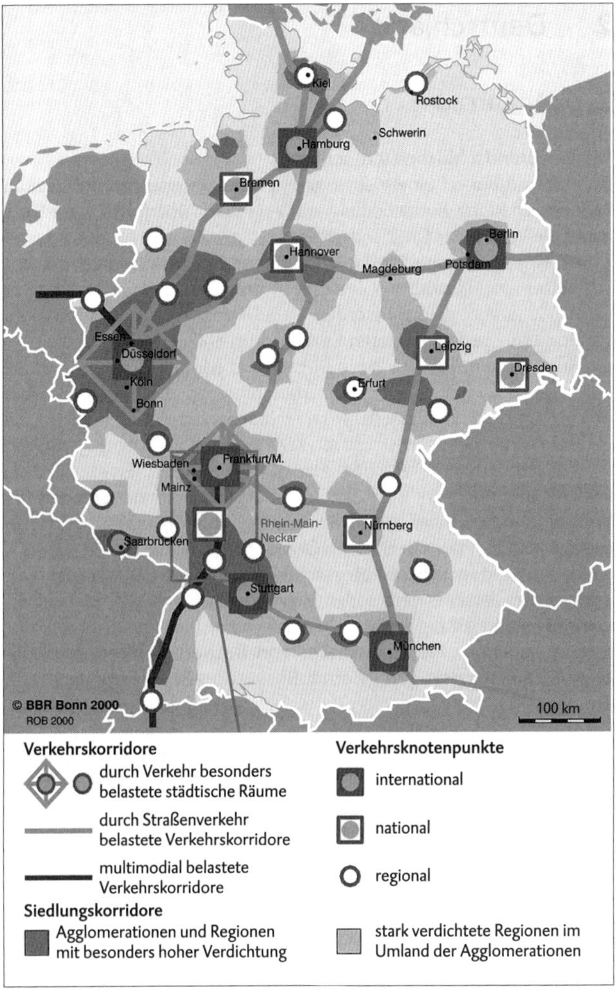

Siedlungs- u. Verkehrskorridore in Deutschland

2 Deutschland

2.1 Naturraum

Die Großlandschaften Deutschlands

Deutschland besitzt eine Vielfalt geologischer Ausgangsformen, deren Relief durch Klima, Bodenbildung und Vegetation überformt wurde und damit die Vielfalt der Großlandschaften prägt.

Das **Norddeutsche Tiefland** ist durch die Vorstöße und das Abschmelzen skandinavischer Gletscher (letztes Glazial (Weichsel) bis vor ca. 10 000 Jahren) geformt worden. Dabei wurden die prägenden Landschaftselemente der **Glazialen Serie** herausgebildet: Während die Endmoränen die einzigen, häufig in Bogen- und Bänderform auftretenden Erhebungen darstellen, bilden die Grundmoränen ein Mosaik von ebenen bis hügeligen Landschaftsformen mit Seenplatten. Sander, die Ablagerungsflächen der Schmelzwässer, kennzeichnen den Übergang zu den nach Nordwesten verlaufenden Urstromtälern (z. B. Elbe). Förden-, Bodden- und Buchtenküsten der Ostsee sind ebenfalls das Ergebnis der Vereisung und anschließender Überflutung, während das Watt der Nordseeküste auf der nacheiszeitlichen Gezeitenwirkung beruht.

Die **Mitteldeutsche Gebirgsschwelle** markiert das weiteste Vordringen der Gletscher nach Süden. Vulkanismus, Hebungsprozesse, Verwerfungen und Abtragung, vor allem im Tertiär (Beginn vor ca. 65 Mio. Jahren), haben ein **Nebeneinander von Becken, Senken, Hochflächen und Gebirgszügen** geformt. Rheinisches Schiefergebirge, Harz, Thüringer Wald und Erzgebirge wurden als Scholle gehoben. Dabei wurden die Gesteine aufgebogen und das Thüringer Becken entstand, die Hebung der Sandsteine führte zur Bildung des Elbsandsteingebirges. Im Rücken der Mittelgebirge sind das Hessische und das Weserbergland nur schwach gefaltet. Eifel, Siebengebirge, Westerwald, Vogelsberg, Hessisches Bergland und Rhön sind das Ergebnis von Vulkanismus während des Tertiärs. Während der Hebungsprozesse schnitten sich die Flüsse (Rhein, Mosel, Weser) tief in Schwächezonen des Gesteins ein.

Das **Süddeutsche Gebirgsland** ist im Westen geprägt durch die Tiefebene des Oberrheins. Der Oberrheingraben entstand bei der Hebung von Vogesen und Schwarzwald. Das süddeutsche Schichtstufenland schließt sich nach Osten an. Die Ablagerungen der Schwäbischen und Fränkischen Alb wurden bei der Hebung schräg gestellt. Weiche Tone und Mergel wurden schneller abgetragen, harte Kalke und Sandsteine langsamer, sodass sich die charakteristische **Schichtstufenlandschaft** herausbildete. Sie wird im Osten durch den Oberpfälzer und den Bayerischen Wald begrenzt.

Die Genese des **Alpenvorlands** ist mit der des norddeutschen Tieflands vergleichbar. Alpengletscher stießen während der Eiszeit in das vor der Donau gelegene Becken vor. Nach ihrem Abschmelzen blieb eine sanft nach Norden abfallende Fläche mit dem Formenschatz der Glazialen Serie zurück.

Die **Alpen** sind erst in der Oberkreide (vor rund 75 Millionen Jahren) während der Kollision von Mittelpennin und Adriatischer Platte mit der Eurasischen Platte entstanden. Sie sind damit ein relativ junges Falten- und Deckengebirge. Der kleine deutsche Anteil an den Alpen beschränkt sich auf die Nördlichen Kalkalpen.

Das Klima

Deutschland liegt im Einflussbereich des **Übergangsklimas** der gemäßigten Breiten mit warmen feuchten Sommern und kühlen feuchten Wintern. Bei einer Jahresamplitude von 15–20 °C sind Herbst und Frühling deutlich ausgebildet. Das Klima wird überwiegend von unterschiedlich warmen **ozeanischen Luftmassen** bestimmt. Mit der Westwinddrift vom Atlantik nach Mitteleuropa ziehende Zyklone verteilen den Niederschlag relativ regelmäßig über das Jahr. Frosteinbrüche und -perioden werden durch maritime und kontinentale Polarluft verursacht.

Während der westliche Teil Deutschlands stärker **maritim** beeinflusst ist, wird die Witterung vor allem östlich der Elbe durch die zunehmende **Kontinentalität**, in Süddeutschland durch die Alpenrandlage bestimmt.

2.2 Wirtschaftsstandort Deutschland

Deutschland gehört zur Gruppe der am höchsten entwickelten **Industrieländer**. Zu seinen **Standortvorteilen** gehören die politische Stabilität, sozialer Frieden, die hohe Kaufkraft und die günstige Verkehrslage im Zentrum Europas. Hinzu kommt die Fähigkeit, mit hoch qualifizierten Arbeitskräften Innovationen aufzugreifen, Marktnischen zu besetzen und damit Produkte von hoher Qualität für den Weltmarkt zu produzieren. Deutschland bildet im **Welthandel** zusammen mit China und den USA die Spitzengruppe. **Hauptexportprodukte** sind Kraftwagen und -teile, Maschinen und chemische Erzeugnisse.

Weniger erfolgreich war die deutsche Wirtschaft darin, **zukunftsfähige Schlüsselindustrien** (Gen- und Biotechnik, Mikroelektronik) zu gleicher Bedeutung zu entwickeln. Vor allem in diesem Bereich liegen die ausländischen Investitionen in Deutschland weit unter denen der deutschen Unternehmen im Ausland.

Als maßgebliche **Nachteile** des Standorts Deutschland gelten **hohe Sozial- und Arbeitskosten**. Deutschland verlor durch die Konzentration auf hochwertige Produkte Marktanteile bei preiswerten Massenprodukten an EU-Nachbarländer. Mit einer Verkürzung der Entwicklungs- und Vorlaufzeiten für neue Produkte, strikter Qualitäts- und Kundenorientierung und der Intensivierung neuer Produktionsstrukturen wie der Teamarbeit soll die Konkurrenzfähigkeit gestärkt werden. Zur Ergänzung der Reform betrieblicher Abläufe fordern die Unternehmen staatliche Maßnahmen zur Verbesserung der Wettbewerbsfähigkeit (Senkung der Steuern und der Lohn- und Lohnnebenkosten, weiterer Ausbau der Infrastruktur, wirksamere Hilfe durch die Verwaltung).

Entwicklung der Wirtschaftssektoren

1950 arbeiteten noch 23,8 % der Beschäftigten in Land- und Forstwirtschaft und Fischerei. 2010 war der Anteil auf 2,1 % gesunken. Der sekundäre Sektor (inklusive Baugewerbe) legte von 1950 mit 32,9 % bis 1980 an Bedeutung zu (48 %), schrumpfte aber danach auf 24,4 % (2010). Dagegen stieg die Beschäftigtenzahl im **tertiären Sektor** von 43,9 % (1950) auf 73,5 % (2010). Ihre Wertschöpfung pro Beschäftigtem ist deutlich höher als in den anderen Wirtschaftssektoren.

Landwirtschaft

Neben den **Naturfaktoren** Boden, Relief und Klima hängen Quantität und Qualität der Agrarprodukte vor allem von **ökonomischen Faktoren** ab: Angebot und Nachfrage, technologischer Entwicklungsstand, staatliche Eingriffe und Regulierungsmaßnahmen.

Innerhalb Europas umfasst der ländliche, von der Land- und Forstwirtschaft geprägte naturnahe Raum mit geringer Bevölkerungs- und Siedlungsdichte etwa 85 % der Fläche. In ihm lebt mehr als die Hälfte der Bevölkerung.

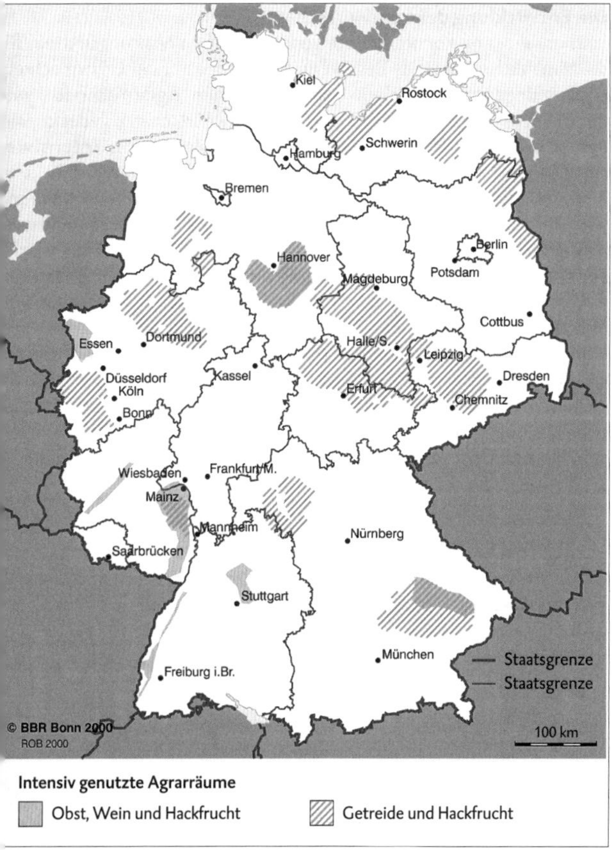

ntensiv genutzte Agrarräume

Die Entwicklung der Landwirtschaft

Jahrhundertelang konnte der steigende Bedarf an Nahrungsmitteln fü die allmählich wachsende Bevölkerung in Europa mit der Urbarmachung bislang ungenutzter Flächen und verbesserten Agrarmethoden, wie dem Wechsel in der Fruchtfolge (Dreifelder-Wirtschaft), gedeckt werden. Mit der Industrialisierung begann die systematische **Intensivierung** in der Landwirtschaft. Besonders seit den 50er-Jahren des 20. Jahrhunderts prägen Mechanisierung, Düngemitteleinsatz, die Verwendung von Herbiziden, Pestiziden und Fungiziden sowie Bewässerungsmaßnahmen und Treibhausanbau die Agrarproduktion. Die ständig **wachsenden Erträge pro Flächeneinheit** ermöglichten einen Abbau de Erwerbstätigenzahl in der Landwirtschaft bei besserer Versorgung von immer mehr Menschen mit landwirtschaftlichen Gütern.

Infolge der natürlichen Grundlagen, der jeweiligen Marktsituation sowie der politischen und der technologischen Entwicklung hat sich die Anbaugrenze, bei der die Agrarproduktion im Vergleich zu anderen Flächennutzungen keinen Vorteil erbringt, verändert. Dies führte zu eine **räumlichen Differenzierung der Agrarstruktur** in Deutschland:

- Auf Löss- und jungglazialen Moränengebieten mit Schwarzerden und Parabraunerden (besonders in Norddeutschland, Südbayern) werden vorwiegend Marktfrüchte (Getreide) angebaut.
- Futterbau wird in den Niederungsgebieten von Marsch und Geest in Norddeutschland bzw. des Voralpenlands betrieben.
- Dauerkulturen dominieren auf historisch gewachsenen Standorten (z. B. in Großstadtnähe wie beim Alten Land bei Hamburg) bzw. in regionalen klimatischen Gunstgebieten (Weinbau).

Die übrigen Standorte weisen keine einheitliche Anbauform, sondern Misch- und Kombinationsformen auf.

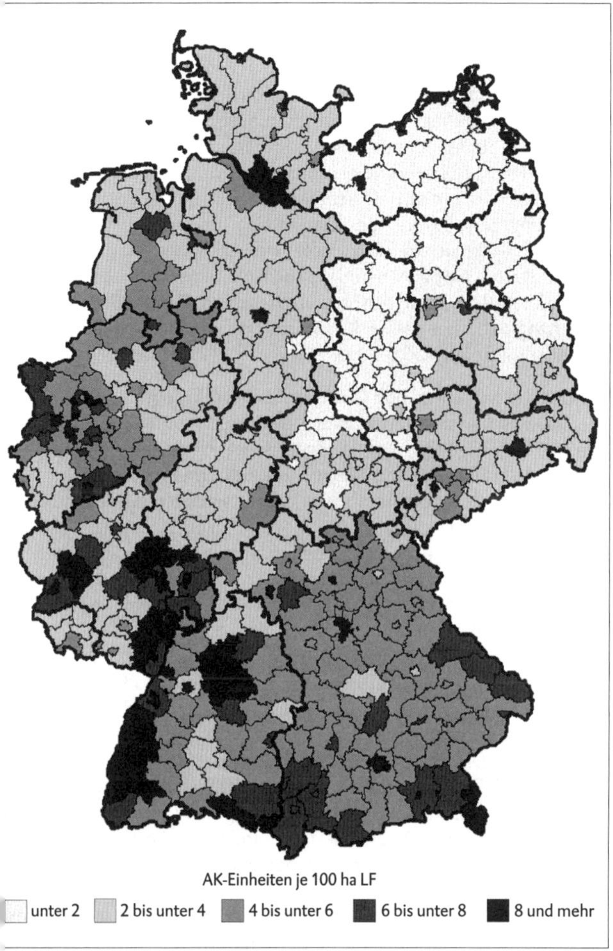

Arbeitseinsatz in den landwirtschaftlichen Betrieben; eine AK-Einheit entspricht dem Arbeitseinsatz einer vollbeschäftigten Person.

Um mit der allgemeinen Einkommenssteigerung in den anderen Wirtschaftssektoren Schritt zu halten, ist das betriebswirtschaftliche Handeln in der Landwirtschaft vom Zwang zur **Produktivitätssteigerung** und **Gewinnmaximierung** geprägt. Produziert wird, was von den Konsumenten nachgefragt oder staatlich subventioniert wird. Diese Ausrichtung auf die Marktbedürfnisse erforderte eine deutliche Vergrößerung der Betriebsflächen und die Umstellung vom bäuerlichen Familienbetrieb auf ökonomisch effizient wirtschaftende Einheiten. Nach der Beseitigung zersplitterter Besitzstrukturen mit der **Flurbereinigung** und der Aufgabe vieler kleiner Höfe waren Betriebsgrößen erreicht, die den Landwirten eine annähernd gleiche Einkommensentwicklung wie in den anderen Wirtschaftssektoren ermöglichten. Damit ging die **Spezialisierung** auf ausgewählte Anbauprodukte in Monokultur bzw. Massentierhaltung einher.

Landwirtschaft zwischen Ökonomie und Ökologie

Die Maßnahmen zur Verbesserung der ländlichen Infrastruktur (Straßenbau, Begradigungen von Fließgewässern, Flächenarrondierung) haben zur **Ausräumung** und **Monotonie der Landschaft** geführt. Eine ausschließlich unter ökonomischen Gesichtspunkten betriebene Landwirtschaft produziert in erster Linie marktfähige Erzeugnisse, die den durchschnittlichen Kundenwünschen entsprechen. Die Folgen sind eine Reduzierung der Sortenvielfalt, sodass den jeweiligen Standorten angepasste, widerstandsfähige Sorten weitgehend aus dem Angebot verschwunden sind.

Diese Form der Landwirtschaft hat häufig ökologisch unerwünschte Folgen. Hohe **Düngemittelbeigaben** reichern Stickstoff im Boden und im Grundwasser an. Die Eutrophierung vieler Gewässer ist eine Folge. Auch **Pflanzenschutzmittel** belasten den Boden und verringern die Artenvielfalt. Die **Trockenlegung** von Feuchtgebieten (z. B. Hochmoore) durch Drainage schränkt ebenfalls die Vielfalt der Flora und Fauna ein. Der Einsatz moderner Agrartechnik (große und schwere Maschinen zur Feldbestellung) verdichtet den Boden, begünstigt Erosion und beeinträchtigt die Tätigkeit der Bodenorganismen. Die Verwendung von neuem, auf hohe Ertragsleistung gezüchtetem Saatgut erfordert mehr Dünger- und Maschineneinsatz, ist empfindlich und verschärft damit die für die Landschaft und ihren Haushalt negativen Folgen.

Viehzucht – Massentierhaltung

Gezielter Zucht und Auswahl von Vieh ist es zu verdanken, dass die Ertragsleistung von Milch und Fleisch stark zugenommen hat. Dabei konnten die Mast- und Aufzuchtzeiten in Fabriken deutlich verkürzt werden. Enge Stalleinrichtungen zur besonders hohen Auslastung schränken die Bewegungsfreiheit der Tiere auf ein Minimum ein. **Industrielle Tiermast** ist aber nur erfolgreich, wenn die Tiere besonders nährstoffreiches Kraftfutter erhalten, prophylaktisch mit Medikamenten gegen Krankheiten geschützt werden und wegen des hohen Stresses, dem die Tiere in der Massenviehhaltung ausgesetzt sind, Beruhigungsmittel erhalten.

So genannte Hochleistungskühe erbringen um ein Vielfaches mehr Milch als „normale“ Kühe, aber nur für wenige Jahre, in denen sie viel Kraftfutter benötigen. Gegenüber den Kühen, deren Milchproduktion zwar geringer ist, sich aber über einen längeren Zeitraum verteilt, produzieren die „Turbokühe“ deutlich mehr Stickstoff. Großanlagen mit Massentierhaltung (über 10 000 Tiere) wirken mit der Entsorgung der Exkremente als Gülleeintrag auf die Felder besonders belastend.

Landschaftsschutz und -pflege

Um negative Einwirkungen der Landwirtschaft auf Landschaft/Natur zu verringern, werden moderne Technologien zur funktionsgerechten Nutzung der Flächen und zur **Optimierung innerbetrieblicher Abläufe** verwendet (z. B. satelliten-/computergesteuerte, gezielte und standortangepasste Bewässerung, bedarfsgerechte Düngung und Fütterung).

Ökologischer Landbau

Die artgerechte und naturnahe Erzeugung im ökologischen Landbau stellt eine **Abkehr von der industrialisierten Landwirtschaft** dar. Sie ist gekennzeichnet durch die vielseitige und abwechslungsreiche Nutzung der Flächen, den geringen Viehbesatz pro Flächeneinheit, geringen Düngeraufwand und den Verzicht auf künstliche Pflanzenschutzmittel. Insgesamt wird ein **geschlossener innerbetrieblicher Kreislauf** angestrebt, in dem die tierischen Exkremente als organischer Dünger der Agrarproduktion wieder zugeführt werden.

Diese Form der Landwirtschaft erzielt geringere Erträge als die konventionelle. Mit der Zertifizierung der Produkte und einem hohen Maß an Direktvermarktung können aber höhere Erlöse erzielt werden, die den hohen Arbeitsaufwand des Erzeugers ausgleichen.

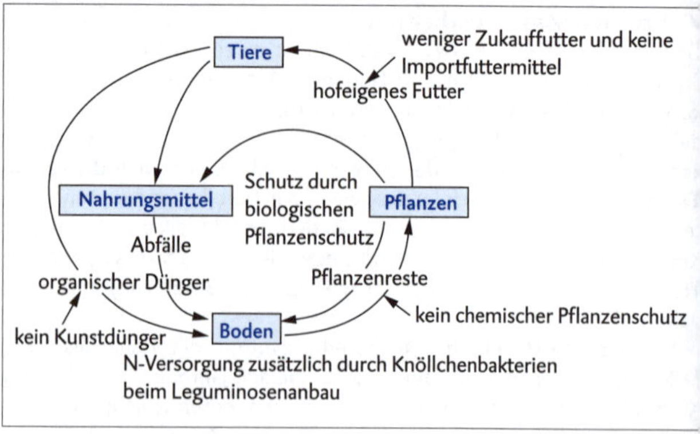

Der ökologische Landbau: ein Kreislauf

Die industrielle Entwicklung Deutschlands

Deutschland erlebte die Industrialisierung aufgrund der politischen und wirtschaftlichen Zersplitterung mit zeitlicher Verzögerung. Damit entwickelte sich folgendes **industrielles Raumgefüge:**

- **Grundstoffindustrien** (Kohle, Eisen-, Stahl- und Energieerzeugung) konzentrierten sich aufgrund der Rohstoffvorkommen im Ruhrgebiet, in Oberschlesien (heute: Polen) und im Saarland.
- Im Raum Halle-Leipzig und im Kölner Raum verwertete die **chemische Großindustrie** Braunkohlevorkommen.
- Städte mit günstiger Verkehrslage (Berlin, Chemnitz) wurden bevorzugte Standorte der **Investitions- und Verbrauchsgüterindustrie**.
- Regionale Mentalitäten, Traditionen und Vorläuferbetriebe begünstigten die Entstehung von grundstoffferner **Leicht- und Spezialindustrie** (Bergisches Land, Württemberg, Erzgebirge).

Basisinnovationen, zunehmende Motorisierung und ein höherer Bedarf an Konsumgütern gaben der industriellen Entwicklung neue Impulse und veränderten die Industriestruktur Deutschlands und Europas.

Strukturwandel

Vor allem traditionelle, arbeitsintensive Branchen sind von der veränderten Gewichtung der Standortfaktoren und dem folgenden Strukturwandel betroffen. Die Verlagerung auf moderne, kapitalintensive Bereiche erfolgte anfangs in der Schwerindustrie (Kohlebergbau, Eisen- und

Stahlerzeugung), im Schiffsbau und der Textilindustrie. Rationalisierung, Technisierung der Arbeitsabläufe, Kostendruck durch Rohstoffimporte und die Weiterentwicklung der Fertigungsverfahren erfassten zunächst die Schlüsselindustrien und anschließend alle abhängigen Branchen (Maschinenbau, die chemische Industrie und Elektrotechnik). Die Anfälligkeit dieser Wirtschaftsräume ergab sich aus dem einseitigen Schwerpunkt der **Massenproduktion**, der Abhängigkeit der Mittel- und Kleinbetriebe von Großkonzernen, der **geringen Branchendiversifizierung** und der einseitigen Qualifikationsstruktur der Arbeitskräfte.

Mit dem Strukturwandel verloren traditionelle Standorte ihre regionale und nationale Bedeutung (z. B. Werften an Küstenstandorten, Eisen- und Stahlindustrie im Ruhrgebiet, chemische Industrie in Braunkohlegebieten in Mitteldeutschland).

Beispiel Ruhrgebiet

Das Ruhrgebiet hatte sich Ende des 19. Jahrhunderts zum **bedeutendsten Industriegebiet Europas** entwickelt. Der Wiederaufbau Deutschlands nach dem Zweiten Weltkrieg und ein steigender Energiebedarf erforderten eine Erschließung tiefer gelegener Steinkohleschichten mit geringerer Mächtigkeit, um die benötigten Mengen zu fördern. Damit verteuerte sich die einheimische gegenüber der preiswerteren ausländischen Kohle. Die **mangelnde Konkurrenzfähigkeit** führte zwischen 1961 und 1970 zum Abbau von über 200 000 Arbeitsplätzen in der Montanindustrie und erfasste auch abhängige Industriebereiche wie die chemische und die Leichtindustrie sowie den Maschinenbau. Damit wurde die Kohle- zur Strukturkrise. Der Ausbau der Automobilproduktion (z. B. Opel in Bochum), staatliche Förderprogramme (Bezuschussung der Verstromung durch Steinkohle mit dem „Strompfennig", Importkontingente) und Konzernfusionen konnten den negativen Trend, der sich mit weiteren Zechenstilllegungen und Betriebsschließungen fortsetzte, nicht ausgleichen.

Erst mit der Förderung neuer Technologien, der Qualifikationsverbesserung, dem Ausbau des Forschungspotenzials, der Modernisierung der Infrastruktur und durch Stadtumbau- und kulturelle Maßnahmen zur Steigerung der Attraktivität zeichnet sich eine Entwicklung zur **Diversifizierung der Wirtschaftsstruktur** und zur Behebung der Strukturkrise ab. Inzwischen haben sich Umwelt- und Hochtechnologie- bzw. Dienstleistungsbetriebe auf ehemaligen Montanflächen angesiedelt.

Beispiel Ostdeutschland

In der DDR wurden die industriellen Grundlagen für den „Aufbau des Sozialismus" geschaffen. Die gleichmäßige Verteilung der Industrie und die Industrialisierung des dünn besiedelten Nordens sollten „die Arbeiterklasse stärken". Die Zusammenfassung der Betriebe mit **Enteignungen** und die Bildung von **Kombinaten** brachten große, selbstständige Wirtschaftseinheiten hervor, die innerhalb der „sozialistischen Arbeitsteilung" spezielle Funktionen hatten. Als Folge der **Zentralverwaltungswirtschaft**, die eine Konkurrenz zwischen den Betrieben unterband, erfolgten ein Abbau qualifizierter Arbeitsplätze und die Trennung der Verwaltungs- und Leitungsfunktionen von der Produktion. Stabile Preise und knappe Investitionsmittel blockierten Innovationen. Folglich waren die DDR-Betriebe nach der Wiedervereinigung gegenüber westdeutschen Betrieben aufgrund veralteter Technik, eines Überbesatzes an Arbeitskräften und schlechter Produktqualität nicht konkurrenzfähig.

Die notwendige Modernisierung, die Zerschlagung der Großbetriebe und der Abbau traditioneller Branchen führten zu vielen Entlassungen und einem steilen Anstieg der **Arbeitslosigkeit**, konnten aber Kernbereiche der Industrie erhalten (Halle-Leipzig, Lausitz). Die Deindustrialisierung Ostdeutschlands ist eine Folge des Transformationsprozesses. Investitionen beschränken sich auf wenige Industriestandorte, der Neuaufbau industrieller Strukturen erfolgt nur schleppend.

Entwicklungsstand und -tendenzen der Industrie in Deutschland

Hohe Arbeits- und Steuerkosten sowie Rationalisierung statt Investitionen zur Erhöhung der Produktivität verursachten in den vergangenen Jahren einen starken **Arbeitsplatzabbau**.

Die Liberalisierung des Arbeitsmarktes sowie der Export technologisch verbesserter, innovativer Produkte und Produktionsverfahren besonders in Schwellenländer haben aber den Industriestandort Deutschland langfristig gestärkt. Der Staat fördert zudem das Wachstum von Zukunftsbranchen und den Erhalt traditioneller industrieller Kerne.

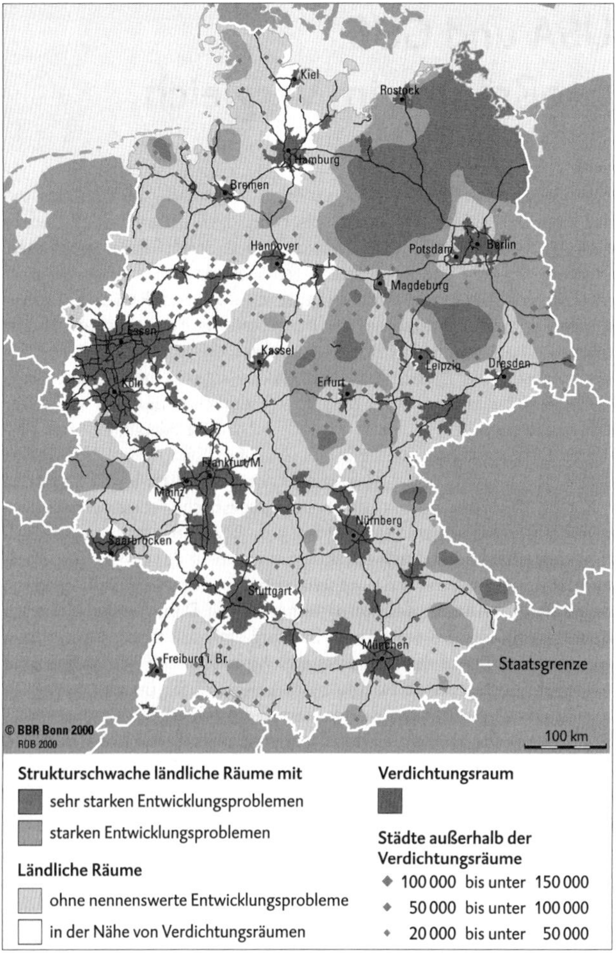

Die räumliche Struktur der Bundesrepublik Deutschland

USA und GUS: Großräume im Vergleich

Die USA und die GUS gehören zu den flächenmäßig größten Staaten der Erde. Die USA erstrecken sich über vier, die GUS umfasst elf Zeitzonen. Auch politisch und wirtschaftlich sind sie **Weltführungsmächte**. In ihrem Aufstieg und ihrer derzeitigen Stellung in der Weltwirtschaft spiegeln sich aber grundsätzliche **Unterschiede** in der **Rolle des Individuums** und **des Staates** bei der Ausgestaltung menschlicher Lebensräume und des gesellschaftlichen Zusammenlebens.

Klimatisch sind die USA begünstigt; der Hauptteil ihrer Landesfläche befindet sich südlich, die der GUS im Wesentlichen nördlich 50° N. Der amerikanische Westen wurde im 19. Jahrhundert flächenhaft, der sibirische Osten nur punktuell erschlossen. Die US-amerikanische Gesellschaft ist geprägt durch eine **marktwirtschaftlich-kapitalistische Wirtschaftsordnung**, in der sich individualistische Freiheitsvorstellungen weitgehend ungehindert durchsetzen konnten. Nach der Abschaffung des zaristischen Obrigkeitsstaats herrschte in der UdSSR eine **sozialistische Zentralverwaltungswirtschaft**, in der sich die Individuen dem staatlichen Interesse unterzuordnen hatten. Damit stellen sich noch heute – trotz der dominierenden Stellung einiger Konzerne – die USA weitgehend als Land der „unbegrenzten Möglichkeiten" dar. In Russland hingegen, dem größten Nachfolgestaat der UdSSR, beherrschen auch nach dem Zusammenbruch des kommunistischen Systems ehemals staatliche, heute aber durch den Staat kontrollierte und mit staatlichen Stellen verflochtene Unternehmen Wirtschaft und Gesellschaft.

1 Die USA

1.1 Oberflächengestalt

Die USA werden durch vier Großlandschaften gegliedert, die parallel zu den Längenkreisen verlaufen:

- **Gebirgsketten** an der Pazifikküste und die **Rocky Mountains** begrenzen große Beckenlandschaften, z. B. das Große Becken mit dem Großen Salzsee und das Kalifornische Längstal.
- Östlich folgen die **Great Plains** mit weiten Grasländern, den Prärien. Die Ebenen fallen zum Zentralen Tiefland ab und gehen südlich der Großen Seen in das Mississippitiefland am Golf von Mexiko über.
- Die **Appalachen** bilden im Osten eine bis zu 2 000 m hohe Mittelgebirgsschwelle.
- Am Atlantik dehnt sich die im Süden sumpfige **Küstenebene** aus, die sich zur Halbinsel Florida und zum Mississippitiefland öffnet.

Oberer See, Huron-, Michigan-, Erie- und Ontariosee (Große Seen) an der Grenze zu Kanada bilden die größte zusammenhängende Süßwasserfläche der Erde. Der Sankt-Lorenz-Strom verbindet sie mit dem Atlantik. Missouri, Ohio und Tennessee fließen über den Mississippi, den größten Fluss der USA, in den Golf von Mexiko. Colorado und Columbia münden in den Pazifik.

1.2 Klima und Vegetation

Es herrscht überwiegend **gemäßigtes**, im SW **trockenes** Klima, im SO **feuchtes subtropisches Klima**. Kontinentalklima mit heißen Sommern und kalten Wintern prägt den größten Teil des Landesinneren. Plötzliche Temperaturstürze mit starken Stürmen können auftreten, da polare Kaltluft (Northers) und tropische Warmluft (Tornado) nicht durch „Quergebirge" abgebremst werden und so weit nach Süden bzw. Norden vordringen können. Alaska liegt in der (sub)polaren Klimazone und ist von Tundren bedeckt. Küstenebenen und Appalachen sind je nach Höhenlage Standorte von Misch- oder Nadelwäldern. Nach Westen gehen diese mit zunehmender Trockenheit in baumlose Grasländer (Great Plains) über. Wüsten treten im Regenschatten der Gebirge auf, z. B. im Großen Becken.

1.3 Entwicklung der Siedlungsstruktur

Seit dem frühen 17. Jh. waren die USA Ziel zahlreicher, vor allem **europäischer Auswanderer**. Die europäischen Siedler verdrängten die **indianischen Ureinwohner** und wandelten die Wälder und Steppen durch Rodung, Ackerbau und Viehweidewirtschaft in Kulturland.

Heute leben 80 % der Amerikaner in Städten. Die großen **städtischen Agglomerationen** erstrecken sich über Hunderte von Kilometern, z. B. an der Atlantikküste von Baltimore über New York bis Boston, in Kalifornien um Los Angeles und San Francisco oder an den Großen Seen (Milwaukee, Chicago, Detroit, Cleveland). Von den Appalachen nimmt die Besiedlungsdichte nach Westen ab. Die Rocky Mountains sind nur punktuell besiedelt.

Die USA haben 309 Mio. Einwohner (2010). Davon sind 72,4 % Weiße. Sie wanderten in zwei großen Wellen aus West-, Nord- und Mitteleuropa (bis 1890) und aus Süd- und Osteuropa (bis 1910) ein. Der Anteil der Afroamerikaner (Nachkommen ehem. Sklaven) beträgt 12,6 %, der der Einwanderer aus Lateinamerika (Hispanics) 16,3 %. Einwanderer aus Asien (vor allem aus China) stellen 4,8 %, Indianer bzw. Inuit 0,9 %.

Wirtschaftsraum

Die USA sind der **wirtschaftlich stärkste Staat der Erde** und seit dem Ende des Kalten Krieges die einzige echte **Weltmacht**. Sie erwirtschaften auf ca. 7 % der Landfläche der Erde mit 5 % der Weltbevölkerung etwa 25 % des Weltsozialprodukts. Natürliche Gunstfaktoren haben einen wesentlichen Anteil an der wirtschaftlichen Stärke des Landes. **Ausgewogenes Klima** und **fruchtbare Böden** ermöglichen hohe landwirtschaftliche Erträge. Der **Reichtum an Bodenschätzen** (Erdöl, Erdgas, Steinkohle, Eisen, Kupfer, Blei, Silber, Gold) war eine wichtige Grundlage für die Ausbildung des weltweit größten Industriepotenzials.

Östlich 100° N dominiert der Anbau von Getreide, im Süden auch von Baumwolle, Zuckerrohr und Soja. Westlich dieser agronomischen Trockengrenze ist ohne Bewässerung nur extensive Weidewirtschaft möglich. In klimatischen Gunstregionen (Kalifornien, Golfküste, Florida) sowie im Nahbereich der Städte werden Obst, Gemüse und Sonderkulturen angebaut.

Der **Manufacturing Belt** zwischen den Großen Seen im Norden und dem Atlantik im Osten bildet den **industriellen Kernraum** der USA. Steinkohle- und Eisenerzvorkommen waren die Grundlage für die

Schwerindustrie. Daneben dominieren hier Fahrzeugbau, Metall verarbeitende, chemische und Konsumgüterindustrie. Die Hälfte des industriellen Potenzials der USA konzentriert sich in dieser Region.

Im **Sunbelt** haben sich neue Industrieregionen gebildet. Die Golfküste und Florida sind Standorte der Chemie- und Erdölindustrie, der Aluminiumerzeugung und des Flugzeug- und Schiffsbaus. Kalifornien hat mit der Luft- und Raumfahrt- sowie der Hightechindustrie hohe wirtschaftliche Wachstumsraten.

1.4 Städte in den USA

Der hohe Verstädterungsgrad hat den USA den Namen „Stadtland" gegeben. Die US-Städte sind im Vergleich zu Europa sehr jung und haben kaum historische Bausubstanz. Sie verfügen über ein **geometrisch**, meist quadratisch **angelegtes Straßensystem** mit Blockbebauung. Die Häufung von Wolkenkratzern im Zentrum (**Central Business District**, **CBD**) und die große Ausdehnung der durch Einzelhausbebauung ausufernden Vorstädte („**Urban Sprawl**") sind weitere Unterschiede zur europäischen Stadt.

Die hohe Zentralität des CBD führt zu ständig steigenden Bodenpreisen, dem Bau immer höherer Geschäftshäuser (Wolkenkratzer) und einer Konzentration von Arbeitsplätzen im Dienstleistungssektor. Folgen sind ein hohes Verkehrsaufkommen und sich verschlechternde Wohn- und Lebensqualitäten. Einkommensstärkere Bevölkerungsgruppen wandern daher in die Vorstädte ab, ohne ihren Arbeitsplatz im CBD aufzugeben. Die Zersiedlung des Umlandes mit Vorortsiedlungen (suburbs) führt zur Bildung von Stadtagglomerationsräumen mit länglicher Form (Strip Cities).

Zugleich verfallen die Ränder der Kernstadt. Neubauten sind profitabler als Investitionen in die alte Bausubstanz. Das sinkende Mietniveau zieht einkommensschwache Bewohner an (ethnische Minoritäten, sozioökonomische Problemgruppen). Es bilden sich Slums und Ghettos mit hoher Arbeits- und Obdachlosigkeit und Gewaltkriminalität. Dies verstärkt die Abwanderungstendenzen aus dem Kernbereich der Städte und den Rückzug wohlhabender Bevölkerungsschichten in „**gated communities**", durch Zäune und Mauern abgeschlossene Wohnanlagen. Daher treten besonders in den großen Städten die sozialen Probleme der USA zutage.

In den ländlichen Gebieten ist die Bevölkerungsdichte gering. Die Mittel- und Kleinstädte weisen meist ein Schachbrettmuster auf. Die Zentralität der Innenstadt ist gering, große Einkaufsmärkte befinden sich an den Ausfallstraßen.

Eine Besonderheit der amerikanischen Gesellschaft ist ihre hohe **Mobilität**. Der häufige Arbeitsplatzwechsel zieht einen Wechsel des Wohnortes nach sich, fast 14-mal im Leben eines Durchschnittsamerikaners. Daher leben viele US-Amerikaner in Mobile Home Parks am Rand der Stadt in mobilen Wohneinheiten („Trailer").

Bevorzugtes Ziel der Wanderungsbewegungen ist der Sun Belt im klimatisch bedingten Süden (vgl. S. 89), wo Rentnerstädte mit einem speziell auf Ältere ausgerichteten Dienstleistungsangebot entstanden.

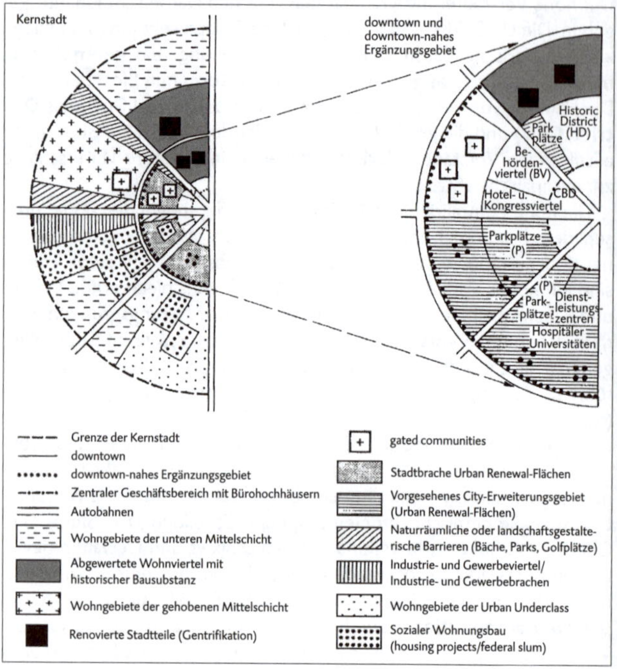

Modell der US-amerikanischen Stadt

1.5 Landwirtschaft

Die USA sind der bedeutendste Agrarexporteur der Welt. Ein wesentlicher Grund für die Leistungsfähigkeit der Landwirtschaft ist die Einheitlichkeit der Klimaverhältnisse, die zur Ausbildung großer charakteristischer Agrarnutzungsräume (Belts) und -formen führte. Veränderte Marktbedingungen, die Einführung neuer Kulturpflanzen und der Konzentrationsprozess in der Landwirtschaft haben inzwischen die ehemalige **Belt-Struktur** aufgelöst. So ist der Cotton Belt (Baumwollgürtel) auf einen Kernbestand in Louisiana und Mississippi geschrumpft. In den ehemaligen Baumwollstaaten westlich davon ist die Hähnchenmast der Produktionsschwerpunkt. Der Weizen- und Maisanbau sind weiter nachgerückt. Sojabohnen, Obst und Gemüse haben die Produktpalette und die räumliche Struktur der Agrarwirtschaft zusätzlich diversifiziert.

Die Anzahl der Farmen in den USA ist seit der 2. Hälfte des 20. Jahrhunderts stark rückläufig. Ihre Zahl sank von über 5 Millionen (1950) auf ca. 2 Millionen (Mitte der 90er-Jahre). Zugleich nahm die durchschnittliche Betriebsgröße von 87 ha (1950) auf ca. 150 ha (2007) zu. Entsprechend der Schrumpfung der Zahl der Familienbetriebe bewirtschaften heute Großbetriebe mehr als die Hälfte der landwirtschaftlichen Nutzfläche. Gründe des **Farmsterbens** sind die zunehmende Rationalisierung und die industriell betriebene Form der Agrarproduktion.

Kleinere Farmer oder Rancher müssen zum Erhalt ihrer Konkurrenzfähigkeit ihre Betriebe zu hohen Kosten und bei ständiger Gefahr der Überschuldung modernisieren oder den Großbetrieben zu meist für sie ungünstigen Vertragsbedingungen zuliefern. Von dem Farmsterben besonders betroffen waren vor allem die einseitig landwirtschaftlich geprägten Regionen westlich des Mississippi.

Die landwirtschaftliche Nutzung der Great Plains verursachte seit den 1930er-Jahren in besonderem Maße **Bodenerosion**. Mit Streifenbebauung (Strip farming), geländeangepasstem Pflügen (Contour ploughing), Dry Farming, Terrassierung und Bewässerung des „Dust Bowls" wird der weiteren Zerstörung des Kulturlandes begegnet.

Agrarindustrielle Großbetriebe

Agrarindustrielle Großbetriebe (**Agrobusiness**) sind durch **vertikale und horizontale Verflechtung** gekennzeichnet. Ihr großer Kapitalbedarf übersteigt die Möglichkeiten kleinbäuerlicher Familienbetriebe. Eigner sind daher Zusammenschlüsse von Farmern oder Ranchern, besonders aber **Agrarkonzerne**. Häufig haben sie ihren Ursprung in einem Stammbetrieb der Getreide- oder Viehverarbeitung, der durch den Erwerb von vor- und nachgelagerten Betrieben überregionale und bald internationale Bedeutung erlangte.

Großbetriebe der Viehwirtschaft sind beispielsweise Rindermastbetriebe in Offenhaltung (**„feedlots“**). Die Kälber stammen aus eigenen Zuchtbetrieben oder werden zugekauft. Der Betrieb produziert die Futtermittel selbst oder bezieht sie aus dem Vertragsanbau. Dem Produktionsprozess nachgelagert sind eigene Schlachtereien und Zerlegungsbetriebe. Für deren optimale Ausnutzung werden gegebenenfalls Mastrinder zu einem bereits vor der Mastperiode vereinbarten Preis zugekauft. Die Nebenprodukte aus den Zerlegungsbetrieben werden in der Leder- und Futtermittelindustrie verarbeitet.

Ähnliche Strukturen gelten für die agrarindustrielle Hähnchenmast im Südosten der USA oder die Schweinemast. Auch industriell gut zu verarbeitende Gemüse, nach denen über die Region hinaus Bedarf besteht, werden nach diesen Prinzipien angebaut. Kalifornien ist aufgrund seiner Klimagunst zu einem Großproduzenten von Agrarprodukten geworden. Tomaten, vor allem in der Fast-Food-Gastronomie (Ketchup) nachgefragt, werden hier besonders billig angebaut. Der konsequente Einsatz aller Möglichkeiten der industriellen Landwirtschaft und aufwändiger Bewässerungsmaßnahmen hat zu immer **größeren Erntemengen**, **geringerem Arbeitskräfteeinsatz** und einer **Konzentration** der Tomatenproduktion **in Großbetrieben** geführt.

Organisationsmodell eines Betriebes

In Hinblick auf Umsatzhöhe, Marktanteile, Beschäftigtenzahl und Organisation besteht **kein Unterschied** zu internationalen **Industriekonzernen**. Die marktbeherrschende Stellung der Großbetriebe verschärft die mit der Industrialisierung der Landwirtschaft erkennbaren Prozesse:

- Spezialisierung
- Mechanisierung, „Chemisierung“
- Saatgutverbesserung, Genmanipulation
- Rationalisierung, Arbeitskräfteabbau
- Flächenvergrößerung und -ausweitung in ökologisch labile Zonen (z. B. künstliche Bewässerung in Trockengebieten).

1.6 Die USA als führende Industrienation

Die Wirtschaft der USA gilt als die **weltweit leistungsfähigste**. 20,3 % der Erwerbstätigen arbeiteten 2009 in der Industrie, 79,1 % im Dienstleistungssektor und nur noch 0,7 % in der Landwirtschaft. Ihre Spitzenstellung verdankt sie dem demokratischen System, der freien Marktwirtschaft und den weltweiten Aktivitäten ihrer Unternehmen.

Manufacturing Belt
Bedeutende **Rohstofflagerstätten** sind ein zentraler Gunstfaktor für den industriellen Aufschwung der USA gewesen und für ihre heutige Führungsposition unter den Industrieländern mitverantwortlich. Die Ausbeutung der Steinkohlevorkommen in Ohio, ihre industrielle Verwertung durch einen aufnahmefähigen und ständig wachsenden **Binnenmarkt** formten eine ausgedehnte **Industrielandschaft** südlich der Großen Seen, den Manufacturing Belt. Günstige Abbaubedingungen, Verkehrsgunst an den Großen Seen, preiswerter Transport über Wasserstraßen und die Schwäche der internationalen Konkurrenten förderten das rasante industrielle Wachstum. Die Einführung **neuer Produktionstechniken** (Fließband) führte zur massenhaften Verbreitung des Automobils und verstärkte die Nachfrage nach Eisen- und Stahlprodukten. Erst gegen 1970 stagnierte die konjunkturelle Entwicklung. Sinkende Weltmarktpreise aufgrund eines Überangebots an Stahl und der Aufholprozess anderer Industriestaaten lösten **Krisen in der Kohle- und Stahlindustrie** aus, von denen besonders die monostrukturierten Altindustrieräume (Detroit, Cleveland, Pittsburgh) betroffen waren.

Weitere traditionelle Industriegebiete neben dem Manufacturing Belt sind das **Städteband zwischen Boston und Richmond** an der Atlantikküste, das **Tennesseetal**, die **Küste des Golfs von Mexiko** (New Orleans – San Antonio) sowie die **städtischen Ballungsräume** Phoenix (Arizona), Los Angeles und San Francisco (Kalifornien) und Seattle (Washington). Einen neuen Aufschwung erfuhren diese Regionen durch Maßnahmen zur Stadterneuerung und die Ansiedlung von Handels- und Dienstleistungs- sowie Hightech-Unternehmen. Insgesamt ist das Innovationspotenzial in der Wirtschaft ausschlaggebend für die Entwicklung der einzelnen Regionen. Die Veränderungen auf dem Binnen- und Weltmarkt erfordern hohe Flexibilität, die am ehesten durch eine enge Kooperation mit Forschungseinrichtungen gewährleistet werden kann. Während Ende des 20. Jh. vor allem im produzierenden Gewerbe in den Neuengland-, Mittelatlantikstaaten und Kalifornien Arbeitsplätze verloren gingen, verzeichnete der Dienstleistungssektor Zuwächse.

Aufschwungregionen

Heute ist **Kalifornien** ein besonders dynamischer Wirtschaftsschwerpunkt und steht in Bevölkerungszahl, Industrie- und Agrarpotenzial an erster Stelle der USA. Neben dem hohen Freizeitwert und der Entwicklung des Agrobusiness sind die Gründe hierfür die Konzentration von Investitionskapital der Banken, die massive Förderung der Rüstungsindustrie durch staatliche Programme und das Zusammenspiel von hochwertigen Bildungseinrichtungen mit der Hochtechnologieforschung. Zugleich ist Kalifornien ein bedeutender Faktor im asiatisch-pazifischen Wirtschaftsraum. Dabei ist der Ballungsraum San Francisco eine der leistungsstärksten Regionen der USA. Das **„Silicon Valley"** (Silizium als Grundstoff von Computerprozessoren) umfasst eine circa 20 mal 40 Kilometer große Fläche am Südende der San Francisco Bay an der Westküste Kaliforniens. Der Aufstieg des „Silicon Valley" geht zurück auf den Zusammenschluss von Mitarbeitern anderer Unternehmen und Forschungspersonal der Stanford University. Die Produktion und Anwendung neuer Technologien war so gewinnträchtig, dass immer mehr Firmen gegründet und die dafür nötigen Investoren gefunden wurden. Inzwischen haben sich die führenden **Hightech-Firmen** (z. B. Microsoft, Intel, IBM, Sony, Philips, Sharp, Hitachi, Fujitsu, Hewlett Packard und Apple) vor allem zur Weiterentwicklung und Produktion ihrer Software hier angesiedelt. Obwohl eine Verschlechterung der Auftragslage, gestiegene Lebenshaltungskosten und die Verschärfung der Umweltbestimmungen viele Chip-Produzenten zur Auslagerung ihrer Produktionsstätten in Staaten mit günstigeren Produktionsmöglichkeiten veranlassten, ist das Silicon Valley weltweites Vorbild für die Entwicklung von Hightech- und Forschungsregionen und noch immer Zentrum von Forschung und Management der Elektronikindustrie. Über 30 % aller Rüstungsaufträge gehen heute nach Kalifornien.

Weitere Aufschwungregionen liegen im Süden und Westen der USA (Seattle, Texas, Colorado/Utah, New Mexico/Arizona und Florida). „Boomstädte" sind Atlanta (Georgia) mit Dienstleistungs-, Hightech- und Medienindustrie sowie Seattle (Flugzeugbau).

2 Die GUS

Die GUS (Gemeinschaft unabhängiger Staaten, Staatengemeinschaft der ehemaligen Sowjetrepubliken bis auf die baltischen Staaten) trat 1991 an die Stelle der **UdSSR**, des ehemals größten Flächenstaates der Erde. Die größte Ost-West-Entfernung beträgt ca. 10 000 km, die maximale Nord-Süd-Entfernung fast 4 000 km.

2.1 Natur- und Wirtschaftsräume

Naturraum

Die GUS wird durch Tiefländer dominiert, nur im Süden und Osten treten Hochgebirge auf. Von zentraler Bedeutung für die Landesnatur sind die **Nord-Süd-** und **Ost-West-Unterschiede des Klimas**. Das mäßig kontinentale Klima der osteuropäischen Ebene geht in das kontinentale Klima der westsibirischen Niederung und dann in das extrem kontinentale Klima Ostsibiriens über. Dabei nehmen Niederschläge, Wintertemperaturen und Dauer der Vegetationsperiode ab, die Temperaturdifferenzen zwischen kältestem und wärmstem Monat, die Länge des Winters und die Mächtigkeit des Dauerfrostbodens zu.

Klima, Böden, Topographie und Vegetation begründen eine naturräumliche Gliederung mit unterschiedlichem Nutzungspotenzial:

- unbewohnbare Anökumene der arktischen Kältewüste (nördliches Eismeer).
- In der **Tundra** wachsen Moose und Flechten, es herrscht Dauerfrostboden. Nach Osten reicht ihre Grenze (10°-Isotherme des wärmsten Monats) immer weiter nach Süden.
- Die **Waldzone** besteht größtenteils aus dem borealen Nadelwald, der Taiga, die in Sibirien weit nach Süden reicht. Auf wenig fruchtbarem Podsol wachsen nur Nadelbäume. Höhere Temperaturen im europäischen Teil führen zu fruchtbareren Böden mit Mischwald.
- Nach Süden nehmen die Temperaturen zu und die Niederschläge ab. Die **Waldsteppenzone** mit ertragreichen Schwarzerden im Süden (z. B. Ukraine) wird daher intensiv landwirtschaftlich genutzt.
- An die Waldsteppenzone schließt sich der für den Menschen kaum nutzbare Bereich der Wüsten und Halbwüsten an.

Die mit zunehmender Kontinentalität sinkenden Niederschläge im Sommer und stärkerer Winterfrost in der Steppen-, Halbwüsten- und Wüstenzone schränken die agrarische Nutzung dieser Zone ein.

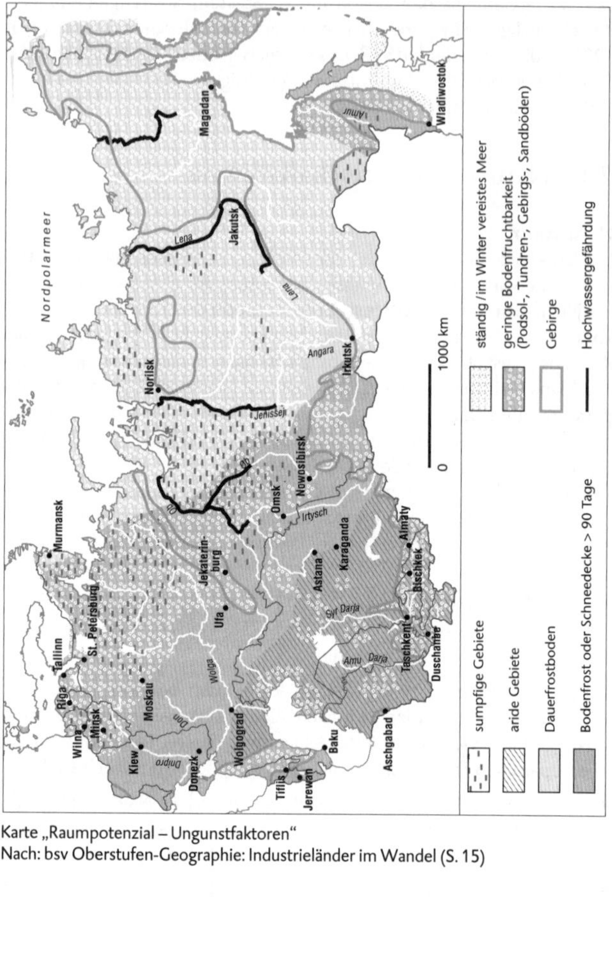

Karte „Raumpotenzial – Ungunstfaktoren"
Nach: bsv Oberstufen-Geographie: Industrieländer im Wandel (S. 15)

Wirtschaftsräume

Die Schwerpunkte der wirtschaftlichen Entwicklung des Raumes lagen lange Zeit im **europäischen Teil** der GUS. Hier entstanden großräumige Strukturen, im später erschlossenen und **dünn besiedelten sibirischen Osten** eher punkthafte. So liegen von den 13 Millionenstädten Russlands nur zwei (Omsk und Nowosibirsk) in Sibirien.

- Im Nordwesten, dem am besten entwickelten Teil Russlands, liegen die **Bevölkerungs- und Wirtschaftszentren** (Moskau, St. Petersburg). Hier leben 30 % der Bevölkerung auf 5 % der Fläche. Moskau bildet den Kern des industriellen Zentrums, das nicht flächenhaft, sondern durch Standortgruppierungen in wichtigen Städten geprägt ist. Über Wolga, Don und Dnjepr ist es mit den **ukrainischen Industriegebieten** (Donezbecken, Kriwej Rih) verbunden.
- Nach Süden schließen sich die **landwirtschaftlich genutzten Schwarzerdegebiete** des Wolgalands und Nordkaukasiens an.

In **Sibirien** ist die Bevölkerungsdichte gegenüber dem europäischen Teil Russlands deutlich geringer. Die Erschließung und Besiedlung des Raumes seit Mitte des 19. Jahrhunderts erfolgte am Südrand der Taiga. Die **planmäßige Erschließung** der großen Rohstoffvorkommen wurde zentral gesteuert und ermöglichte die Entwicklung wichtiger Industriekomplexe.

Das **Uralgebiet** (Magnitogorsk, Tscheljabinsk, Jekaterinburg) war in sowjetischer Zeit das größte Schwerindustriegebiet Russlands. Das **Kusnezkbecken** (Nowosibirsk, Nowokusnezk, Krasnojarsk) und **Irkutsk** wurden mit dem europäischen Zentrum und dem Pazifikhafen Wladiwostok durch den Bau der Transsibirischen Eisenbahn angeschlossen.

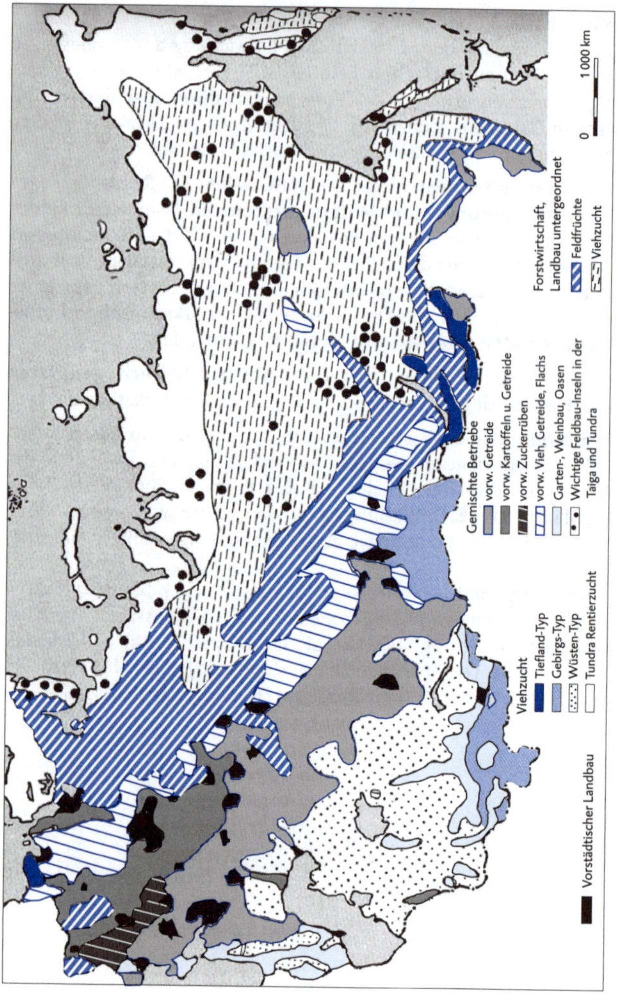

Formen der Agrarnutzung auf dem Gebiet der GUS

2.2 Der Transformationsprozess in der Landwirtschaft

Die sozialistische Landwirtschaft in der UdSSR

Auch nach dem Zerfall der Sowjetunion wirken in vielen Bereichen die Hinterlassenschaften der sozialistischen Zentralverwaltungswirtschaft nach. Das Land war **Kollektiveigentum** und wurde in Staats- (Sowchosen) und Genossenschaftsbetrieben (Kolchosen) nach zentralen planwirtschaftlichen Vorgaben bewirtschaftet. Direktiven schrieben Menge und Art der Anbaufrüchte, Produktionsmengen, Absatzbeziehungen sowie den Aufbau und die Sicherung lokaler Infrastruktur vor. In **Agrarindustriellen Komplexen (AIK)** waren Produktion, Verarbeitung, Vorleistungen und Absatz miteinander verflochten. Die Agrarbetriebe waren für Sozialeinrichtungen, Wohnungen, Versorgung und Verkehrswegebau der ländlichen Gebiete zuständig.

Die Zonierung der Agrarwirtschaft anhand naturräumlicher Gegebenheiten (Klima, Boden) vertiefte die **räumliche agrarische Arbeitsteilung** in der UdSSR (Usbekistan als Lieferant für Rohbaumwolle, die Ukraine für Zuckerrüben und Getreide). Mit Kampagnen zur Erschließung und Aufwertung weiterer Nutzflächen (Erschließung der Nichtschwarzerdegebiete, Baumwollanbau in Mittelasien) wollte die UdSSR unabhängig von Importen (Getreidelieferungen aus den USA) werden. Sie scheiterten, weil in Kasachstan die technische Infrastruktur (Be- und Entwässerung, Kunstdünger- und Maschineneinsatz) nicht langfristig finanziert werden konnte. In Usbekistan wurden zur Bewässerung der Baumwollanbaugebiete die Flüsse Syrdarja und Amudarja (Zuflüsse des Aralsees) in den Karakumkanal umgeleitet. Die hohen Verdunstungsraten führen zur Versalzung der Böden, infolge der großen Wasserentnahme schrumpft der Aralsee.

Der Transformationsprozess und seine Probleme

Mit der Aufhebung des staatlichen Landmonopols (1991) war eine wesentliche Voraussetzung für die Umstrukturierung des Agrarsektors geschaffen. Aber die vielschichtigen Staats- und Genossenschaftsbetriebe sind schwer zu privatisieren. Es fehlt an **Startkapital** und **Risikobereitschaft**. Maschinen, Agrochemie und produktionsnahe Dienstleistungen müssen zu Marktpreisen eingekauft werden, sofern sie nicht vom Staat festgesetzt sind. Der Handel mit wichtigen Erzeugnissen (Getreide, Zuckerrüben, Fleisch, Milch, Wolle) ist weiterhin staatliches Monopol.

Das Führungspersonal der AIK bestimmt immer noch die staatliche Agrarpolitik und blockiert weiter gehende Reformschritte.

Die Landwirtschaft verliert gesamtwirtschaftlich an Bedeutung. Ihr Anteil am BSP schrumpfte seit 1990 von 15 % auf 4 % bei gleich bleibend hoher Beschäftigungsquote, die offene und verdeckte **Arbeitslosigkeit** stieg an, die Einkommen gingen zurück. Da junge und mobile Personengruppen in die Städte abwandern, schreitet die **Überalterung** auf dem Lande weiter voran.

Die Krise erfasste auch die von der Landwirtschaft abhängigen Industriezweige. Die Exportorientierung der Großbetriebe in den landwirtschaftlichen Gunstregionen führte zu einem Rückgang an Landmaschinen und Kunstdünger, aber auch zu Engpässen in der Getreide- und Fleischversorgung. Individuelle Kleinerzeuger sind zu Hauptproduzenten von Kartoffeln, Obst, Gemüse, Fleisch, Milch und Eiern aufgestiegen. Das für den Import fehlender Nahrungsmittel aufgewendete Geld fehlt wiederum als Startkapital für reform- und aufbauwillige Landwirte. Auf privaten Kleinstbetrieben und Parzellen nimmt daher die arbeitsintensive und wenig produktive Subsistenzwirtschaft zu. Von der **Verarmung** breiter Teile der Bevölkerung in der ehemaligen Sowjetunion ist besonders die Landbevölkerung betroffen.

Negative Auswirkungen des Transformationsprozesses kann man auch in den unabhängig gewordenen Nachbarstaaten Russlands feststellen. Innersowjetische Handels- wurden zu **Außenwirtschaftsbeziehungen**. Die alten Märkte fielen weg und konnten kaum durch neue Absatzgebiete ersetzt werden, da nur wenige Betriebe modern und kapitalstark genug waren, um gegenüber neuen Anbietern konkurrenzfähig produzieren zu können. Die ökologischen Folgelasten eines jahrzehntelangen Raubbaus an den natürlichen Grundlagen können daher nur mühsam abgearbeitet werden.

2.3 Der Transformationsprozess in der Industrie

Sozialistische Industrie in der UdSSR

Beim Aufbau der russischen Industrie und bei der Raumerschließung kamen Bergbau und Industrie Schlüsselfunktionen zu. Entwicklungsschwerpunkte waren die **Rohstoffproduktion** und die **Grundstoffindustrie** (Eisen- und Stahlerzeugung, Petrochemie). Die große Entfernung zwischen Lagerstätten (meist in Sibirien) und Verarbeitungs- und

Absatzzentren (vorwiegend im Westen) führte zur **Ostverlagerung** wichtiger Produktionseinrichtungen.

In **Kombinaten** wurden verwandte und sich gegenseitig ergänzende Industriezweige räumlich und organisatorisch verbunden (Synergieeffekte). Mit horizontalen und vertikalen Verflechtungen sowie der Abstimmung von Produktion und Verwaltung sollte ein Höchstmaß an ökonomischer Nutzung von Rohstoffen und Industrieprodukten erreicht werden. Um alle Großregionen der UdSSR mit schwerindustriellen Grundstoffen und den europäischen Teil mit Energie zu versorgen, entstanden in den 1970er-Jahren besonders im dünn besiedelten Sibirien **„Territoriale Produktionskomplexe“** (TPK). Die TPK bildeten wirtschaftliche Entwicklungsschwerpunkte auf der Grundlage energetischer und mineralischer Rohstoffe, Verkehrserschließung oder landwirtschaftlicher Nutzung. Sie organisierten die Planung, Erschließung und Produktion eines bestimmten Produktionsschwerpunkts, aber auch den Aufbau der Infrastruktur, die Wohnraumversorgung und die sozialen Leistungen für die Arbeitskräfte. Die TPK galten als Vorbilder für die industrielle Entwicklung. Ihre Größe verhinderte aber eine effektive Kooperation untereinander. Infolge der Spezialisierung im Rahmen der räumlichen Aufgabenteilung wurden viele Industriegüter nur an jeweils einem Ort hergestellt. Von dieser **Monostruktur** profitierte nur der europäische Teil der UdSSR. Ausstrahlungseffekte für die Entwicklung Sibiriens gingen von ihnen nicht aus.

Der Transformationsprozess und seine Probleme

Mit dem Zerfall der UdSSR brachen die zentralwirtschaftlichen Strukturen von Planung, Absatz und Investitionen zusammen. Die marktwirtschaftliche Umstrukturierung kam nur schwer in Gang. Wichtige Sektoren blieben unter **staatlicher Kontrolle**. Staatsbetriebe erhielten weiter Zuschüsse, Privatisierungen wurden behindert. Die großen Industriekombinate behielten in vielen Bereichen ihre **Monopolstellung**. Eine Anpassung an die veränderte Marktsituation und Sanierung der maroden Betriebe erfolgte nur in Teilbereichen. Inländische Erzeugnisse waren gegenüber den qualitativ besseren und preiswerteren Importwaren nicht konkurrenzfähig. Die industrielle Produktion ging zurück, besonders die Wohnungsbauwirtschaft sowie die Rüstungs-, Leicht- und Konsumgüterindustrie verzeichneten starke Einbußen. Eisen- und Stahlindustrie, Maschinenbau und besonders die Energiewirtschaft haben sich schneller erholt und gleichen mit ihren Gewinnen die Verluste der Problembranchen aus.

In der Phase des „wilden Kapitalismus" nach 1991 profitierten besonders die alten Partei- und Wirtschaftsfunktionäre von den veränderten Bedingungen. Neue Eliten konnten sich nicht bilden, ein Mittelstand entwickelte sich kaum. Die Produktionsrückgänge und Stilllegungen veralteter Betriebe haben zu Arbeitslosigkeit, Massenabwanderung ins Ausland, Schwarzmarkt und Schattenwirtschaft geführt. Weite Teile der Bevölkerung sind verarmt.

Die ökonomischen Zwänge der Wirtschaft (Kapital- und Materialmangel, Rohstoffe Erdöl, -gas, Holz, Gold, Diamanten als Devisenbringer) haben zu gravierenden **Umweltschäden** (Verseuchung und Verschmutzung, Müll, Kahlschlag) geführt, die bei den klimatischen Extrembedingungen von Tundra und Taiga kaum reparabel sind. Die niedrigen Temperaturen und die Kürze der Vegetationszeit verhindern eine Regeneration der Natur.

Die ausgeprägte **Spezialisierung der Teilräume** hatte schon zu Sowjetzeiten zu regionalen Disparitäten geführt und eine ausgewogene Industriestruktur verhindert. Daher hat jede Region spezielle Probleme und eine unterschiedliche Entwicklung durchlaufen. Wo der Rohstoffsektor dominiert, ist der industrielle Rückgang relativ gering (Norden, Westsibirien, Ferner Osten). Der Kaukasus, Mittelasien und der Zentralraum um Moskau sind wegen des hohen Maschinenbauanteils und aufgrund innenpolitischer Probleme wie zum Beispiel ethnischer Auseinandersetzungen zu Krisenregionen geworden. Am Kaspischen Meer verschärft die Kontrolle über die Erdölvorkommen die Konflikte zwischen der Zentralregierung und regionalen Volksgruppen. Gute Perspektiven bei einer erfolgreichen technologischen Modernisierung werden den westlichen Standorten Russlands und der Pazifikregion eingeräumt.

Auch nach dem Zerfall der UdSSR ist Russland ein **Vielvölkerstaat**, in dem die Russen zwar 80 % der Einwohner stellen, aber mehr als 100 anerkannte nationale Minderheiten leben.

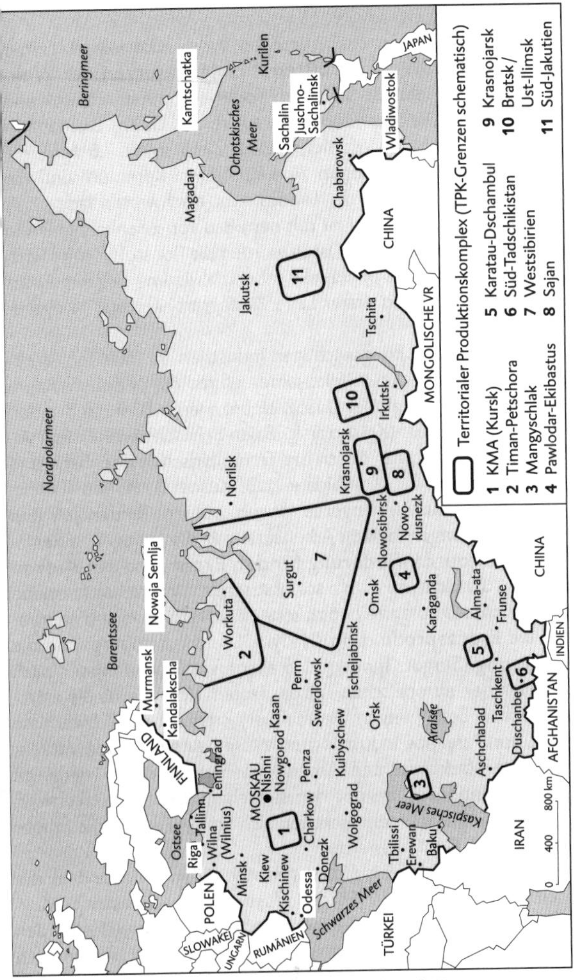

Verteilung der territorialen Produktionskomplexe in der UdSSR

Sibirien

Sibirien (das sind die Wirtschaftsregionen West-, Ostsibirien, Ferner Osten) verfügt über die wohl **größten Rohstoffreserven der Welt:** 1/3 der Weltgas-, mehr als 50 % der Kohlevorkommen (Stein- und Braunkohle), über 15 % der Erdölreserven, reiche Gold-, Diamanten- und Buntmetalllagerstätten (Kupfer, Nickel, Zink) sowie 7,5 Mrd. m^3 Holz. Die **großen Entfernungen** zum russischen Kernraum und die **unwirtlichen Bedingungen** der Landesnatur erschwerten lange Zeit die Erschließung des Raumes. Erst mit dem Bau von Eisenbahnlinien in den Hohen Norden und Fernen Osten wurden die Rohstoffvorräte wirtschaftlich interessant. Eine punktuelle Industrialisierung begann. Dafür setzte die Staatsführung in erster Linie Zwangsarbeiter und Kriegsgefangene ein.

Mit der Verlagerung kriegswichtiger Industrien im Zweiten Weltkrieg und besonders ab den 1960er-Jahren wurde der periphere Raum planmäßig in die Wirtschaft der UdSSR einbezogen, z. B. durch den Bau von Wasserkraftwerken (Krasnojarsk, Sajan-Schuschenskoje, Bratsk), der Baikal-Amur-Magistrale südlich der Transsibirischen Eisenbahn und durch die Bildung großer Kombinate (z. B. Kusnezk). Höhere Löhne, preiswerter Wohnraum, verlängerter Urlaub, früheres Rentenalter und andere Vergünstigungen lockten Arbeitskräfte in die entlegenen Regionen, um die **Ressourcenförderung für den Export** und den **Aufbau autonomer Strukturen** im sozialistischen Wirtschaftsverbund (COMECON) massiv vorantreiben zu können. Investitionen entfielen vor allem auf die **Erdgasproduktion** (Nadym, Urengoj, Jamburg) und die **Erdölförderung** (Surgut, Tjumen). 1/5 aller Investitionen flossen nach Sibirien und in den europäischen Teil des Hohen Nordens, da die extremen natürlichen Bedingungen (Permafrost) erhebliche Erschwernisse für den Bau von Pipelines, Industrie- und Wohnbauten und den Verkehr darstellen. Die stark erhöhten Arbeitskosten erforderten wiederum staatliche Subventionen, um mit den südlichen Märkten konkurrenzfähig zu sein. Die Betriebe entwickelten sich zu Konzernen, die immer unabhängiger vom Staat operierten.

Im innerregionalen Vergleich Russlands steht Sibirien heute dank der überragenden Bedeutung der Förderindustrie in der Industrieproduktion an der Spitze. Während die Brennstoffproduktion weiterhin den **Hauptdevisenbringer** für den russischen Staat darstellt, waren nach dem Zerfall der Sowjetunion vor allem für die altindustrialisierten Gebiete (z. B. im Kusnezk-Becken) ein Strukturwandel und die Marktanpassung notwendig geworden. Die hohen Investitionen, die in die Gasproduktion bei Surgut (Gazprom-Konzern) flossen, machten zwar diese Region zur **reichsten Teilregion** Russlands nach Moskau. Die anderen Teilregionen des Hohen Nordens und Sibiriens erlebten dagegen einen **Niedergang**. Einseitige Beschäftigungsstruktur und veraltete Anlagen führten zu einem massiven Rückgang in der industriellen Produktion. Zwangsurlaube, Lohnausfall, Arbeitslosigkeit und Verarmung waren die Folge. Die hohen Lebenshaltungskosten infolge der extremen Kälte zehrten die höheren Löhne auf. Die Bevölkerung Sibiriens, die sich in Sowjetzeiten verzehnfacht und im Hohen Norden verdreifacht hatte, wandert mit staatlicher Billigung ab.

Ferner wurde die wirtschaftliche Entwicklung erschwert durch die **ungünstige geografische Lage**, eine durch neue Grenzen der GUS-Staaten beeinträchtigte **regionale Arbeitsteilung**, den **hohen Finanzbedarf** für Modernisierung und Sanierung bei rückläufigen staatlichen Einnahmen sowie einen durch Preisbindung, Subventionen und staatliche Einmischung verzerrten wirtschaftlichen Wettbewerb innerhalb der GUS.

Die zu Sowjetzeiten hervorgehobene Rohstoffvielfalt relativiert sich heute durch weltweite Qualitäts- und Preisvergleiche. Die Produktivität liegt weit unter dem Wert westlicher Industrieländer. Die punkthafte Produktion hatte eine **schwache Infrastrukturausstattung** zur Folge. Es existieren keine multifunktionalen Netze wie im südlichen und europäischen Teil Russlands. Es fehlt eine durchgängig nutzbare Straßenverbindung zwischen dem Fernen Osten und den übrigen Landesteilen. Einzelne Standorte sind nur auf dem Wasserweg im Sommer oder auf dem Luftweg zu erreichen.

Umweltzerstörungen in Sibirien

Bei der rigorosen Rohstofferschließung war zu Sowjetzeiten kaum Rücksicht auf die natürliche Umwelt genommen worden. Besonders der Bau von Erdgas-Pipelines hatte die Verwüstung riesiger Landstriche zur Folge. Zur Förderung von Erdöl und -gas war der **Grundwasserspiegel abgesenkt** worden. **Ölaustritt** aus verrotteten Anlagen hat Flora und Fauna der Fördergebiete zerstört. Aufgrund der **Schadstoffbelastung** sind viele Flüsse biologisch tot. Die Luft ist in hohem Maße verunreinigt. Die Verbrennung der bei der Erdgasförderung freigesetzten Begleitgase führt zu Temperaturerhöhungen, die nachhaltig auf den Permafrost wirken, sodass Baukonstruktionen versagen.

Wirtschaftsraum Ostasien

Der Wirtschaftsraum Ostasien mit den wichtigsten Ländern **China** und **Japan** sowie den **vier kleinen Tigerstaaten** Südkorea, Taiwan, Hongkong und Singapur schickt sich an, im 21. Jahrhundert den bisher dominanten Regionen Europa und Nordamerika den Rang abzulaufen und zum wirtschaftlichen Herzstück einer globalisierten Welt zu werden. Vor allem das exorbitante Wirtschaftswachstum Chinas verändert dabei die weltwirtschaftliche Balance: Aufgrund seiner niedrigen Löhne wird es zur „Werkbank" der Erde, während gleichzeitig sein enormer Bedarf an Rohstoffen, die für den Ausbau der Infrastruktur benötigt werden, zu einer teilweise dramatischen Verteuerung von Rohstoffen und Energieträgern wie z. B. Erdöl beigetragen hat.

Dabei herrschen innerhalb dieser Region gewaltige Unterschiede. Japan kämpft als fortgeschrittene Industrienation mit Raumnot und Überalterung, aber auch immer noch mit den Folgen einer Wirtschaftskrise in den 90er-Jahren sowie konjunktureller Schwäche infolge der globalen Wirtschafts- und Finanzkrise seit 2008. Andererseits sind im größten Teil des ländlichen Chinas die positiven Auswirkungen des chinesischen Wirtschaftsaufschwungs noch nicht angekommen. Da die große Masse der Chinesen aber als arme Bauern auf dem Land lebt, stellt die Disparität zwischen den reichen Städten an der Ostküste und den armen peripheren Regionen ein großes Problem für die nicht demokratisch legitimierte chinesische Führung dar.

Länder wie **Südkorea** und **Taiwan** stehen sowohl geografisch als auch entwicklungstechnisch zwischen Japan und China. Durch die zunehmende wirtschaftliche Verflechtung dieser Länder, die bis nach Südostasien, Australien und Indien ausstrahlt, hat ein wirtschaftlicher Aufschwung begonnen, der allen zugute kommt und zu einem größeren Abbau von Armut auf der Welt beigetragen hat als alle Entwicklungshilfemaßnahmen zusammen.

1 Japan

1.1 Wirtschaft

Japans naturräumliche Voraussetzungen sind geprägt durch **Raumnot** (nur rund 1/4 der 377 000 km² Fläche sind aufgrund des gebirgigen Reliefs nutzbar), **Ressourcenmangel** (kaum Rohstoffvorkommen, v. a. kein Erdöl) und ein hohes Gefährdungspotenzial durch Naturkatastrophen (Taifune, Erdbeben, Vulkanismus, Tsunamis). Trotz all dieser Nachteile gelang es Japan als erstem nicht westlichem Land, zur Industrienation (heute Platz 2 hinter den USA) aufzusteigen. Einer der Hauptfaktoren war dabei das **Humankapital**, d. h. eine von buddhistischen und konfuzianischen Werten wie Strebsamkeit (lange Arbeitszeiten und kaum Urlaub), Lerneifer (Übernahme ausländischer Erfindungen und lebenslanges Lernen), Disziplin und Identifikation mit der Gemeinschaft (keine Streiks, kaum Fehlzeiten) und Streben nach Perfektion (höchste Qualität: zero-defect-Prinzip; vgl. Pannenstatistiken bei Kraftfahrzeugen, bei denen japanische Marken seit Jahren die besten Plätze belegen) geprägte Bevölkerung.

Bereits vor dem Zweiten Weltkrieg hatte sich Japan zu einem Exporteur **industrieller Fertigprodukte** entwickelt. Die japanische Industrie wurde allerdings ähnlich wie in Deutschland im Zweiten Weltkrieg zerstört und konnte nur durch massive amerikanische Hilfe wieder aufgebaut und erneuert werden, sodass es v. a. in den 60er-Jahren zu einem Wirtschaftsboom kam. Es gelang den Japanern, fortschrittlichere Technik, v. a. aus den USA, zu kopieren und zu verbessern, während man den Heimatmarkt mithilfe von **Schutzzöllen** gegen ausländische Produkte abschirmte, die man noch nicht konkurrenzfähig herstellen konnte. Die notwendigen Rohstoffe wurden importiert, während die wirtschaftliche Entwicklung durch Exporte vorangetrieben wurde. An dieser **exportorientierten Entwicklung** hat sich bis heute nichts geändert, aber seit der Rezession in den 70er-Jahren aufgrund der Ölkrisen kam es zu einem **Strukturwandel:** Auf die rohstoffintensiven Sektoren Stahlindustrie und Schiffsbau folgten die technologieintensiveren Sektoren Fahrzeugproduktion und Elektrotechnik, in denen Japan bis heute auf dem Weltmarkt führend ist.

Bei diesem Strukturwandel kam den Japanern neben ihrem hohen Ausbildungsniveau und dem dadurch begründeten technischen Erfindungsreichtum auch die strategische Förderung durch den Staat zugute. Das **MITI** (Ministery of Trade and Industry) förderte Wachstumsindustrien durch Kredite und Importbeschränkungen, während es versuchte, in der Schrumpfungsphase befindliche Sektoren beim Abbau von Überkapazitäten zu unterstützen.

Eine weitere japanische Besonderheit ist die **duale Wirtschaftsstruktur** aus vielen kleinen Zulieferfirmen und leistungsfähigen Großunternehmen. Die international auftretenden Großbetriebe sind kapitalstark und bieten ihren Stammarbeitern gute Arbeitsbedingungen (bis zur Wirtschaftskrise 1990 sogar lebenslange Arbeitsplatzgarantie!). Die kapitalschwachen Kleinbetriebe übernehmen die arbeitsintensiven Produktionsschritte, sodass den Großbetrieben durch die Auslagerung von Produktionsschritten Produktionskostenvorteile entstehen **(lean production)**. Im Extremfall kann dies bedeuten, dass die Großunternehmen nur noch die Endprodukte zusammensetzen und vermarkten. Um dabei eine kostenintensive Lagerhaltung zu vermeiden, wurde das **Just-in-time-Prinzip** entwickelt: Die Anlieferung von Produkten erfolgt genau zum vereinbarten Zeitpunkt. Dies erfordert bei den kleinen Zulieferbetrieben natürlich ein sehr hohes Maß an Flexibilität, das nur durch den Einsatz von nicht abgesicherten Kontraktarbeitern gewährleistet werden kann, die bei vollen Auftragsbüchern auch sieben Tage die Woche arbeiten und keinen Urlaubsanspruch haben. Ein weiteres Problem des Just-in-time-Prinzips ist die Erhöhung des Verkehrsaufkommens, bei dem die Speditionen unter großem Zeitdruck manchmal auch kleine Ladungen ausliefern müssen, weil ein Produktionsstopp einen großen finanziellen Schaden bedeutet.

1.2 Raumstrukturen

Auswirkungen der Raumnot

Aufgrund der Raumnot kommt es in Japan zu einer extremen Ballung von Wirtschaft und Bevölkerung auf wenige Küstenebenen, die optimale Standortbedingungen für die exportorientierte japanische Wirtschaft aufweisen (importierte Rohstoffe werden direkt an der Küste weiterverarbeitet und sofort wieder exportiert, sodass kaum Transportkosten anfallen). Allein im Großraum Tokio, dem größten städtischen Ballungsaum der Welt, leben rund 33 Millionen Menschen, bei einer Gesamtevölkerung von etwa 127 Millionen. Um mehr Nutzfläche zu gewinen, werden deshalb Hügel eingeebnet und im Bereich der Häfen Neund für Industrie und Infrastrukturprojekte, wie neue Großflughäfen in 'okio und Osaka, aufgeschüttet. Zum Teil geschieht dies auch mit Müll, a es an Mülldeponien mangelt. Die hohe Bevölkerungsdichte mit mehr ls 500 Ew./km^2 und der Platzmangel führen aber nicht nur zu hohen Imweltbelastungen durch Müll, Abwasser und Abgase, die man mitilfe technischer Maßnahmen, wie z. B. Katalysatoren, zumindest teilveise in den Griff bekommen hat, sondern auch zu einem Mangel an Vohn- und Geschäftsräumen. Die dadurch bedingten Kosten machen panische Städte, v. a. Tokio, mit zu den teuersten der Welt und führen u einer Ausdehnung der Städte in den Randbereich. Daraus folgt der 'erlust wertvoller, ebenfalls auf die Küstenebenen konzentrierter, landvirtschaftlicher Nutzfläche, obwohl sich Japan ohnehin nur zu rund 2 % selbst versorgen kann. Außerdem führt das Wachstum in die Fläne zu einer Zunahme der Pendlerströme, die trotz des exzellenten usbaus des öffentlichen Nahverkehrs zusammen mit dem hohen Lkwufkommen als Folge des Just-in-time-Prinzips zu einer Überlastung der 'erkehrsinfrastruktur führen. Insbesondere im Fall von Katastrophen vie Erdbeben fehlen in den großen Ballungsräumen außerdem die notvendigen Frei- und Grünflächen.

Die Raumnot ist mitverantwortlich für die bis heute andauernde Virtschaftkrise mit **Rezessionsphasen** (negatives Wirtschaftswachsum) und **Deflation** (sinkende Preise bringen Unternehmen in Berängnis). Der Wirtschaftsaufschwung der 80er-Jahre führte zu einer xtremen Verteuerung von Grundstücken und Immobilien (die Grundtücke im Großraum Tokio hatten nahezu den Wert aller Grundstücke er USA!). Das Platzen dieser Spekulationsblase ruinierte viele Unterehmen und belastete die Banken mit „faulen Krediten“, die mit Immoilien abgesichert waren, sodass sie den Unternehmen kaum mehr neue redite zur Verfügung stellten und diese nicht mehr investieren konnen. Als Folge dieser Krise kam es auch erstmals zu **Kündigungen** von rbeitnehmern, die früher als Gegenleistung für ihre Loyalität gegenber dem Unternehmen praktisch eine lebenslange Beschäftigungsgaantie hatten. Die Arbeitslosenrate beträgt aber auch heute noch relativ noderate 5 %.

Eine wesentlich langfristigere Folge des Platzmangels, der hohen Kosen und der geringen Lebensqualität in japanischen Großstädten ist ihr

Beitrag zum **Rückgang der Geburtenraten**. Mit nur ca. 1,38 Kinder pro Frau gehört sie zu den niedrigsten der Welt und führt zu einer al mählichen Überalterung der japanischen Bevölkerung, was in wenige Jahrzehnten, ähnlich wie in Deutschland, zu einer großen Belastung fü die Bevölkerung und Wirtschaft werden wird.

Das Technopolis-Konzept

Um die Ballungsräume zu entlasten und die räumlichen Disparitäten i Japan mit ihrer einseitigen Konzentration auf wenige Räume abzu schwächen, entwickelte die Regierung in Japan das **Technopolis-Kon zept**. Unter Federführung des MITI wurden in den 1980er- und 90e Jahren Hochtechnologiestandorte mit Forschungs- und Produktions stätten in dezentraler Lage errichtet, die neben den Industrieparks auc über attraktive Wohn- und Freizeitbereiche verfügen und an eine „Mu terstadt" von mindestens 150 000 Einwohnern angebunden sind, di eine günstige Verkehrsanbindung ermöglicht (vgl. Karte S. 111). Nebe einer gezielten Regionalentwicklung sollte das Technopolis-Konzep auch helfen, den industriellen Standard in Japan weiter zu verbesser und die IT- und Biotechnologiebranchen zu stützen, die aufgrund ihre geringen Rohstoffbedarfs und niedriger Transportkosten für peripher Räume gut geeignet sind.

Ein Erfolg des Technopolis-Konzepts ist erst in Ansätzen zu erkenne (IT-Zentrum auf Kyushu, der südlichen Hauptinsel), weil neben der Kor kurrenz durch die alten Ballungsräume auch die große Zahl von neue Hightech-Standorten den Konkurrenzkampf verstärkt. Die großen Ba lungsräume profitieren zudem neben ihrer günstigen Küstenlage auc von **Agglomerationsvorteilen**. Dazu zählen v. a. die kurzen Transport wege zwischen Zulieferer und Produktionsstätte, die eine Just-in-time Anlieferung erst ermöglichen, und die Nähe zu Institutionen und Kunder

Eine Verlagerung von Arbeitsplätzen findet weniger innerhalb de Hochlohnlandes Japan statt, sondern v. a. aus Japan in die angrenzende Billiglohnländer Ost- und Südostasiens. Dies waren früher hauptsächlic die Tigerstaaten Südkorea, Taiwan, Hongkong und Singapur, die inzw schen aber selbst zu Industrieländern geworden sind (vgl. S. 112 ff. Heute investieren japanische Firmen v. a. in China, wobei sie davon dop pelt profitieren. Zum einen können sie so ihre Produktionskosten ser ken, um weltweit konkurrenzfähig zu bleiben, zum anderen erschließ sich dadurch ein neuer großer Absatzmarkt. Inzwischen ist China noc vor den USA zum wichtigsten Handelspartner Japans aufgestiegen.

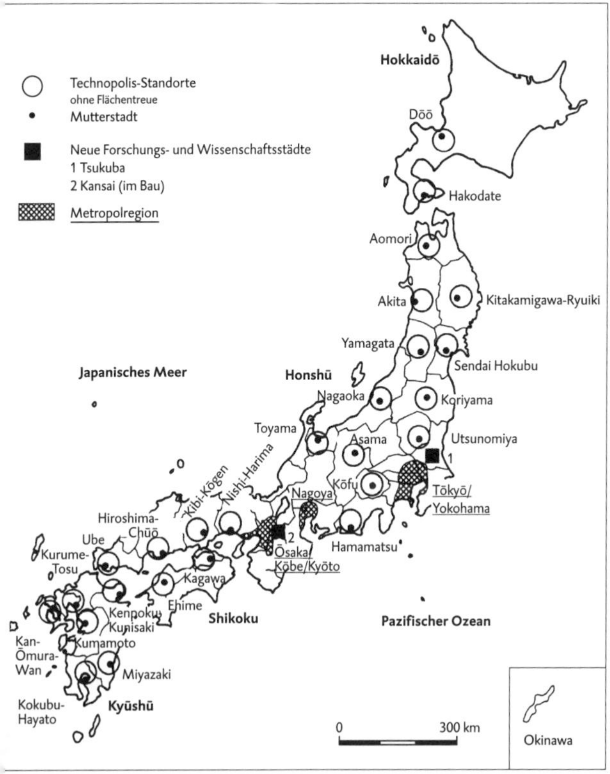

'echnopolis-Standorte in Japan

2 Die kleinen Tigerstaaten: Südkorea, Taiwan, Hongkong, Singapur

Japanische **Direktinvestitionen** (langfristige Kapitalströme ins Ausland, um durch Neugründung, Beteiligung oder Übernahme Kontrolle über Unternehmen auszuüben) haben entscheidend zum Wirtschaftsaufschwung in Ost- und Südostasien beigetragen. Bis in die 70er-Jahre konzentrierten sich die Japaner auf die Sicherung des Rohstoffnachschubs. Inzwischen liegt der Investitionsschwerpunkt auf der Nutzung **komparativer Kostenvorteile**, v. a. durch die Verlagerung arbeitsintensiver Produktionsschritte in Nachbarländer mit niedrigen Lohnkosten (verlängerte Werkbank). Auch die japanische Entwicklungshilfe, die zu 3/4 als Kredit vergeben wurde, hatte die Erschließung neuer Produktionsstätten und Märkte zum Ziel: Die Schaffung der entsprechenden Infrastruktur von Häfen bis zur Energieversorgung ermöglichte erst eine Arbeitsteilung mit den ostasiatischen Ländern. Zugute kommen den japanischen Nachbarländern dabei der Kapital- und Technologietransfer, obwohl Japan versucht, seinen größten Standortvorteil, das Know-how, zu schützen, indem Forschung und Entwicklung in Japan verbleiben.

2.1 Strukturwandel

Besonders die sog. „Kleinen Tiger“ Südkorea, Taiwan, Hongkong und Singapur stehen aufgrund ihres technologischen Wissens als **NICs** (Newly Industrialized Countries) in Bereichen wie Chipproduktion (Taiwan) oder Unterhaltungselektronik (Südkorea) an der Weltspitze. So sind sie zu direkten Konkurrenten Japans geworden und haben ihre Abhängigkeit von japanischem Kapital reduziert. Da sich die Lohnkosten in diesen Ländern in den letzten Jahren deutlich erhöht haben, folgen sie dem japanischen Beispiel auf einer ihrer wirtschaftlichen Entwicklung entsprechenden Ebene und investieren in den Aufbau von Fabriken in Nachbarländern mit niedrigeren Lohnkosten, v. a. in China und Indonesien. So intensivieren sich in Ost- und Südostasien die wirtschaftlichen Verflechtungen: Die fortgeschritteneren Länder regen ihre weniger entwickelten Nachbarstaaten an, ihrem Vorbild nachzueifern. Die Japaner bezeichnen diese Transformationskette als das „Modell der Fluggänse“:

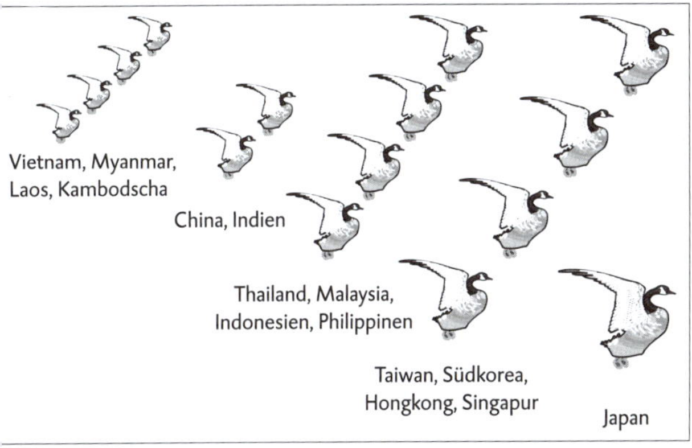

Modell der Fluggänse

Nach der Jahrzehnte bestehenden weltwirtschaftlichen Triade aus Nordamerika-Europa-Japan entsteht so ein neuer großer Wirtschaftsraum mit den Zentren Japan und China, die durch die bereits industrialisierten Tigerstaaten und die rohstoffreichen, im ASEAN- Verbund organisierten (süd)ostasiatischen Staaten ergänzt werden. Die Ausstrahlung dieses Wirtschaftsraumes reicht bis nach Australien (Rohstoffe) und Indien.

2.2 Phasen der Industrialisierung

Die Voraussetzungen für eine erfolgreiche Industrialisierung insbesondere in Südkorea und in Taiwan waren eher ungünstig, da sie ähnlich wie Japan kaum über Rohstoffe verfügen. Die Industrialisierung wurde deshalb als staatliche Aufgabe strategisch geplant, durch günstige Staatskredite gefördert und lief in den Tiger-Staaten (Ausnahme Hongkong) nahezu einheitlich in 6 Phasen ab:

- Phase 1: **Importsubstitution in der Konsumgüterindustrie**
  Ziel der Importsubstitution ist es, Produkte, die ohne viel Kapital und Technologietransfer erzeugt werden können, im Land selber herzustellen, um weniger importieren zu müssen. Um diese arbeitsintensiven Industriezweige, zunächst vor allem Textil- und Nahrungsmittelindustrie, abzusichern, wurden Schutzzölle erhoben.

- Phase 2: **Exportindustrialisierung im Bereich der Konsumgüter**
  Aufgrund des begrenzten Binnenmarktes mussten die Unternehmer neue Absatzmärkte durch Export erschließen, wobei sie von ihren Kostenvorteilen (v. a. niedrige Lohnkosten) profitierten.
- Phase 3: **Importsubstitution schwerindustrieller Zwischenprodukte**
  Der industrielle Aufschwung machte den Bau neuer Produktionsstätten und Verbesserungen der Infrastruktur nötig. Um die Nachfrage nach Grundstoffen und Halbfertigprodukten wie Stahl und Zement abzudecken, wurden neue Industrien gegründet, die wieder durch Schutzzölle vor internationaler Konkurrenz abgeschottet wurden.
- Phase 4: **Exportindustrialisierung im Bereich schwerindustrieller Zwischenprodukte**
  Export von Erzeugnissen der Eisen-, Stahl- und Chemieindustrie und im Fall Südkoreas v. a. auch des Schiffsbaus zu Niedrigpreisen.
- Phase 5: **Importsubstitution hochwertiger Investitionsgüter**
  Seit den 80er-Jahren fördern die Regierungen der Tigerstaaten gezielt den Aufbau einer Investitionsgüterindustrie (Elektrogeräte, Autos, Computer), die, so lange sie in den Kinderschuhen steckte, wiederum durch Schutzzölle vor internationaler Konkurrenz geschützt wurde. Insbesondere seit den 90er-Jahren aber haben diese Produkte einen Standard erreicht, der in Kombination mit günstigen Preisen die nächste Phase ermöglichte:
- Phase 6: **Exportorientierung der Investitionsgüter- und hochwertiger Konsumgüterindustrie**
  Einige Firmen sind inzwischen Weltmarktführer (z. B. Samsung) oder gewinnen stetig Marktanteile auf Kosten etablierter Firmen aus den alten Industrieländern hinzu (z. B. Hyundai).

Ein Besonderheit an den genannten koreanischen Firmen ist, dass es sich bei ihnen um so genannte **Chaebol**, Industriekonglomerate, handelt, die in mehr als einem Wirtschaftsbereich tätig sind (Hyundai: Auto, Elektronik, Elektrik, Schwerindustrie, Baugewerbe) und 70–80 % der koreanischen Industrieproduktion kontrollieren.

Problematisch für die Tigerstaaten ist ihre Abhängigkeit von ausländischem Kapital und Rohstofflieferungen. Dies hat sich besonders während der Asienkrise (Finanz- und Wirtschaftskrise) 1997 gezeigt, als viel ausländisches Kapital abgezogen wurde, Unternehmen wie Kia-Motors

Pleite gingen und die Arbeitslosigkeit rapide anstieg. Allein in Südkorea gingen 1,5 Millionen Arbeitsplätze verloren. Die koreanische Regierung musste wegen der drohenden Schuldenexplosion Beistandskredite beim Internationalen Währungsfonds (IWF) in Höhe von 58 Mrd. US-$ beantragen. Seit dieser Krise werden Umstrukturierungsmaßnahmen durchgeführt, um die Abhängigkeit von Japan abzubauen. Anstatt als „verlängerte Werkbank" Japans Billigprodukte zu exportieren, was durch Handelsbeschränkungen der USA und EU und zunehmende Konkurrenz aus Schwellenländern wie Thailand und vor allem China erschwert wird, setzen Südkorea und Taiwan wie ihr Vorbild Japan auf Hightech und investieren in Forschung und Entwicklung. Die eigentliche Produktion der Güter wird dabei zunehmend nach China ausgelagert – der neuen „Werkbank der Welt", von wo letztlich überwiegend in die USA exportiert wird. Diese exportgetriebene Entwicklung der ostasiatischen Schwellen- und Industrieländer war zusammen mit dem durch Schulden finanzierten Konsum in den USA eine der Ursachen der globalen Ungleichgewichte (vgl. die Außenhandelsbilanzen der folgenden Tabelle), die zur Ende 2008 einsetzenden **Wirtschaftskrise** führten.

	USA	Japan	Südkorea	Thailand	China
Einwohner (Mio.) 2011	313	126,4	48,7	66,7	1 337
BSP/Kopf in US-$ (kaufkraftbereinigt) 2011	46 716	34 300	31 700	9 700	8 400
Außenhandelsbilanz in Mrd. US-$ (Exporterlöse – Importerlöse) 2011	–599,9	122,8	22,1	12,6	280,6

Vergleichsdaten der USA, Japans, Südkoreas, Thailands und Chinas

3 China

Die Volksrepublik China ist mit über 1,3 Milliarden Einwohnern das **bevölkerungsreichste Land** der Erde. Angesichts des anhaltenden Bevölkerungswachstums sind daher die Versorgung mit Nahrungsmitteln, Konsum- und Investitionsgütern vorrangige Probleme, die nur durch eine tief greifende Modernisierung Chinas gelöst werden können.

3.1 Landesnatur

Gebirge prägen die Landesnatur, weniger als 10 % des Landes sind für Landwirtschaft und Siedlung geeignet. Das Hochland von Tibet zwischen dem Kunlun Shan und dem Himalaja sowie die abflusslosen Hochbecken (Tarimbecken, Dsungarei, innere Mongolei) sind punktuell, die zentralen Lössgebiete, das Karstplateau von Yunnan und das südöstliche Gebirgsland dünn besiedelt. Dagegen leben ca. 800 Millionen Chinesen in den **Tieflandgebieten** der Mandschurei und Ostchinas sowie im Roten Becken.

Aufgrund der großen Ausdehnung kommen in China fast alle **Klimate** der Erde vor. Der Süden liegt im Einzugsbereich des tropischen Monsuns, der Norden wird im Winter von sibirischer Kaltluft geprägt, der Westen ist aufgrund seiner Lage nördlich des Himalajas extrem trocken. Landwirtschaftlich intensiv genutzt werden das mandschurische Tiefland, die nordchinesische Tiefebene, Teile des Lössberglandes, die Beckenlandschaften am Jangtsekiang sowie die Oasen des Nordwestens und kleinere Terrassen-Bereiche des südchinesischen Berglandes. Ein Achtel des Landes ist von Wäldern bedeckt.

Die intensive landwirtschaftliche Nutzung hat landesweit zu Erosion und Versalzung von Böden geführt. Der Bau von Siedlungen, Industrie- und Verkehrsanlagen schränkt die Bodenverfügbarkeit weiter ein.

Im Mündungsbereich des Huang He und des Yangtse kommt es immer wieder zu **Flutkatastrophen**. Der Huang He führt aufgrund der intensiven Erosion in den bergigen Lössgebieten eine große Sedimentfracht mit sich. Die Ablagerung der Sedimente erhöht das Flussbett und erfordert den Bau immer höherer Schutzdeiche. Mit dem Bau einer Stauanlage (Drei-Schluchten-Projekt) soll der Jangtse hochwassersicher, für die Energiegewinnung und besser als Schifffahrtsweg genutzt werden können. Die Millionenstädte von Chongqing bis Shanghai würden vom Staudamm profitieren. Der Wasserspiegelanstieg um 100 m erfordert jedoch die Umsiedlung von mehreren Millionen Menschen.

3.2 Bevölkerungsentwicklung

Die chinesische Bevölkerung hatte sich zwischen 1949 und 1980 fast verdoppelt. In den 1950er-Jahren propagierte der kommunistische Parteichef Mao Zedong, dass Größe und Macht eines Landes von seiner hohen Bevölkerungszahl abhängig sei. Erst die massiven **Versorgungsprobleme** der wachsenden Bevölkerung und die Erkenntnis, dass Überbevölkerung das Haupthindernis für wirtschaftlichen Fortschritt ist, führten zu einer Änderung dieser Politik ab den 1960er-Jahren.

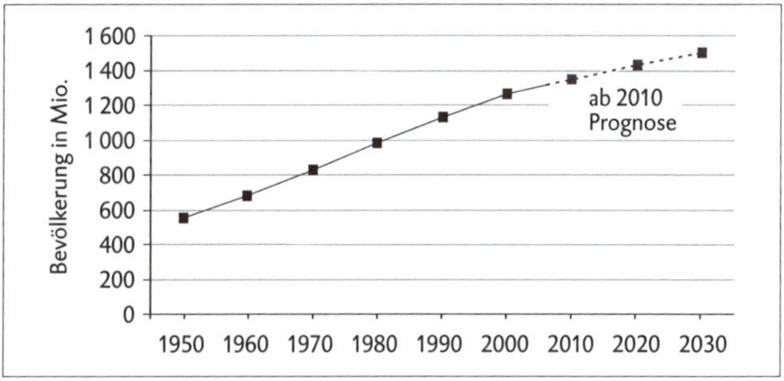

Bevölkerungsentwicklung Chinas

Zunächst wurden Abtreibungen legalisiert und das Heiratsalter heraufgesetzt („Zwei-Kind-Familie"). Ende der 1970er-Jahre setzte der Parteichef Deng Xiaoping im Zuge der Liberalisierung und Modernisierung eine konsequente **Geburtenkontrolle** durch, um die Bevölkerungszunahme zu bremsen. Eheschließungen und Schwangerschaften mussten vom Staat genehmigt werden. Verstöße wurden mit harten Sanktionen (Lohnabzug, Geldstrafen, Abtreibung) belegt. Als Ergebnis der **„Ein-Kind-Politik"** sank die Geburtenrate von 2,3 % (1987) auf 1,4 % (2009). Da nationale Minderheiten nicht unter diese Regelung fallen und die staatliche Kontrolle im ländlichen Raum schwerer durchführbar ist als in den Städten, bleibt der nachhaltige Erfolg der Bevölkerungspolitik ungewiss.

3.3 Nahrungsmittelsicherung durch die Landwirtschaft

China besitzt 20 % der Erdbevölkerung, aber nur 7 % des bebaubaren Landes. Die Nahrungsmittelversorgung ist daher eines der Hauptanliegen der chinesischen Politik. Um die agrarsozialen Disparitäten zu beseitigen, wurden nach der kommunistischen Machtübernahme 1949 die Großgrundbesitzer enteignet und das Land an Besitzlose verteilt. In mehreren Kollektivierungswellen wurden die Betriebe zu **Volkskommunen** zusammengelegt, in Produktionsbrigaden und -gruppen organisiert und das persönliche Eigentum abgeschafft. Niedrige Agrarpreise und hohe Preise für Industrieprodukte schöpften die Kaufkraft für den Ausbau der Schwerindustrie ab. Das Fehlen moderner Maschinen und Transportmittel, eine überstürzte Industrialisierung auf dem Land („Großer Sprung nach vorn“) und Machtkämpfe innerhalb der KPCh („Kulturrevolution“) verursachten 1959/60 und 1966–1968 **Hungersnöte** mit Millionen Toten. Verbesserungen brachten wasserbautechnische Maßnahmen. Mit dem von der kommunistischen Partei organisierten Masseneinsatz von Arbeitskräften wurden in Handarbeit Deichbauten und Speicherbecken gebaut, Berghänge terrassiert und durch vermehrten Düngemitteleinsatz die Erträge allmählich erhöht. Sozioökonomische Grundeinheiten (**Danwei**), denen noch heute alle werktätigen Chinesen in Stadt und Land angehören, reglementierten das Arbeits- und Privatleben.

In den 80er-Jahren erfolgten die Abkehr von der kommunistischen Doktrin und der Übergang zu einer **pragmatischen Agrarpolitik**. Die Bauern können nach einer vorsichtigen Einführung marktwirtschaftlicher Mechanismen heute über ihre Arbeitskraft selbst verfügen, Verträge schließen und ihre Überschussproduktion auf dem freien Markt verkaufen. Die Lockerung des Staatsmonopols auf Produktion, Verteilung und Preise führte zu einem Anstieg der Nahrungsmittelproduktion um 1/4 auf ca. 450 Mio. t/Jahr. Dennoch ist die Lage der Landbevölkerung durch Wassermangel, schlechte hygienische und sanitäre Einrichtungen und eine hohe Analphabetenrate geprägt. Niedrige Getreidepreise, die geringe durchschnittliche Betriebsgröße (< 0,5 ha) und der Kapitalmangel der Bauern behindern die zur Nahrungssicherung notwendige Mechanisierung und Modernisierung. Daher ziehen viele unterbeschäftigte und verarmte Bauern auf der Suche nach Arbeit in die Städte, sodass die Urbanisierungsrate seit 1995 von 20 auf über 43 % (2008) gestiegen ist.

3.4 Industrialisierung und Regionalentwicklung

Autozentrierte Entwicklung nach 1949

Vor 1949 war China kaum industrialisiert. Um den großen Einfluss ausländischer Mächte zu beseitigen, verstaatlichte KP-Chef **Mao Zedong** nach der kommunistischen Machtübernahme alle Betriebe. Der Entwicklungsplan sah den Aufbau alter Standorte an der Küste, die Bildung industrieller Schwerpunkte im Inneren und einen Aufbau des Nordwestens vor. Probleme für dieses Entwicklungskonzept ergaben sich aus der mangelhaften infrastrukturellen Erschließung Chinas mit Eisenbahnen und dem Fehlen von Kapital und technischem Know-how. Nach dem Zerwürfnis mit der UdSSR wurde fernab der nördlichen Grenze eine „Dritte Front" mit Schwerindustrie in Szechuan und Yunnan aufgebaut. Die schnelle **Industrialisierung** („Großer Sprung nach vorn", 1958) mit dem Aufbau von Klein- und Mittelindustrie im ländlichen Raum und dem Versuch, jede Region Chinas mit Eisen und Stahl, Zement, Düngemitteln, Maschinen und Energie autonom zu machen, scheiterte aber, da die Vernachlässigung der Konsumgüter- und Nahrungsmittelindustrie zu massiven **Versorgungskrisen** führte.

Die Öffnung des Marktes

Maos Nachfolger **Deng** Xiaoping gab die Politik der Autozentrierung und Autarkie der Wirtschaftsregionen 1978 auf und begann eine Politik der **Liberalisierung** und **Modernisierung**. Marktwirtschaftliche Mechanismen sollten in Jointventures mit ausländischen Firmen zunächst unter „Laborbedingungen" in sog. **Sonderwirtschaftszonen** (SWZ) erprobt werden. Das kommunistische China öffnete für die internationalen kapitalistischen Firmen zunächst die Küstenstädte. Besonders im Städtedreieck Hongkong, Macao, Kanton sowie in den Städten Ostchinas wird seither für den Weltmarkt produziert. Ausländische Firmen profitieren von Abgaben- und Steuerbefreiung, den überaus niedrigen Lohnkosten und geringen Umweltauflagen. Sie hofften auf den riesigen, bisher unerschlossenen chinesischen Markt mit über einer Milliarde Konsumenten, wenn die strikte Trennung der SWZ vom Hinterland aufgehoben würde. Später wurden weitere Küstenstädte, dann die Provinzhaupt-, Binnenhafen- und die Grenzstädte in das chinesische Entwicklungskonzept mit kapitalistischem Know-how einbezogen.

Die Wirtschafts- und Bevölkerungsentwicklung haben China heute zur zweitgrößten Volkswirtschaft der Welt gemacht. Seine Wirtschaftsleistung hat sich seit Beginn der Reformpolitik verdreifacht, die jährlichen Zuwachsraten für das BSP betragen fast 10%. China hat den Übergang von der Agrar- zur Industriegesellschaft inzwischen weitestgehend vollzogen und ist nicht nur Außenhandelsweltmeister, sondern auch in vielen Bereichen (z. B. Kfz) der weltweit wichtigste Absatzmarkt.

	1984	1994	2004	2011
Landwirtschaft (%)	32,0	20,2	15,2	9,6
Industrie (%)	43,3	47,8	52,9	47,1
Dienstleistungen (%)	24,7	31,9	31,9	43,3
Gesamt (in Mrd. US-$)	256	542	1653	2370

Anteil der Wirtschaftssektoren am Bruttosozialprodukt

Die Raumstruktur Chinas

Innerhalb des Landes haben sich die Regionen auseinander entwickelt. Ausstrahlungseffekte der SWZ auf andere Wirtschaftsbereiche fehlen bisher. Die Schwerindustrie blieb aufgrund ihres strategischen Werts in staatlicher Hand. Ihre Privatisierung führte zur Schließung vieler veralteter Betriebe und zu Massenentlassungen. Landwirtschaft, Energiesektor und Schwerindustrie hinken aufgrund ihrer peripheren Lage weitab der Küste und der expandierenden Städte der Entwicklung hinterher. Daher kann die **ländliche Bevölkerung** in West-, Nordost- und Zentralchina als **Verlierer** des Modernisierungsprozesses betracht werden.

Die Städte entwickeln sich dynamisch. Jointventures und Kollektivbetriebe der Kleinindustrie in Stadtnähe schaffen neue Arbeitsplätze, häufig aber nur für Wanderarbeiter unter unzureichenden Arbeits- und Umweltbedingungen. Eine wichtige Rolle für den Export spielt dabei die Textilindustrie.

Der Osten ist flächenmäßig die kleinste, aber die bevölkerungsreichste (knapp 50%) und wirtschaftlich stärkste Region mit einem 2/3-Anteil an der Industrieproduktion. Er profitiert von der Entwicklung neuer Industriezweige, der Produktion von Exportwaren und dem Aufbau von Handelszentren. Die zentrale Wirtschaftsregion ist die Energie-, Rohstoff- und Nahrungsmittelbasis Chinas. In der westlichen Wirtschaftszone (über die Hälfte der Fläche Chinas) haben der Ausbau des Verkehrswesens, die Erschließung von Rohstoffen und die Entwicklung der Landwirtschaft Vorrang.

Entwicklungs- und Schwellenländer

Die Gruppe der Entwicklungs- und Schwellenländer umfasst sowohl nach Fläche als auch nach Bevölkerungszahl den größten Teil der Erde. Dabei handelt es sich bei diesen Staaten aber nicht um eine homogene Gruppe, sondern um alle Länder, die sich aufgrund ihrer Schwächen in Bereichen wie dem Bildungs- und Gesundheitswesen oder aufgrund ihrer geringen wirtschaftlichen Leistungskraft von den Industrieländern unterscheiden.

Ziel aller **Entwicklungsländer** ist es, zu den industrialisierten Ländern aufzuschließen, um so Hunger, Armut, Analphabetismus und weitere typische Probleme der Unterentwicklung hinter sich zu lassen. Länder, die in dieser Beziehung auf einem guten Weg sind, werden als **Schwellenländer** bezeichnet und befinden sich in einem Übergangsbereich zwischen Entwicklungs- und Industrieland. Auch China zählt zu den Schwellenländern, wurde aber aufgrund seiner globalen Sonderstellung in diesem Kapitel nicht berücksichtigt (vgl. S. 116).

Einen Sonderfall stellen auch die ölreichen Staaten dar, von denen sich die meisten in der OPEC (Organisation der Erdöl exportierenden Länder) zusammengeschlossen haben. In vielen dieser Staaten, vor allem um den Persischen Golf, herrscht großer Wohlstand. Trotzdem zählen sie nicht zu den Industrieländern, weil ihre Einkünfte zu sehr von Erdöl und Erdgas abhängen, sonst aber kaum Industrien vorhanden sind und auch andere Indikatoren, wie beispielsweise die Geburtenrate und die Rolle der Frauen in diesen Gesellschaften eine Zuordnung zu den Entwicklungsländern nahe legen.

1 Abgrenzung und Differenzierung

1.1 Kulturerdteile

Die Erde lässt sich nicht nur in physisch-geografisch abgegrenzte Kontinente, sondern auch in historisch gewachsene Kulturerdteile unterteilen (vgl. S. 124). Die Hauptfaktoren für die Unterscheidung sind z. B.:

- **Religion:** Islam/Orient, Hinduismus/Indien, Christentum/Europa
- **Sprache:** Englisch/Angloamerika, v. a. Spanisch/Lateinamerika
- **Rasse:** Negroide in Schwarzafrika, v. a. Mongolide in Ostasien
- **Geschichte und Lage:** z. B. Australien und Neuseeland

Ein Kulturerdteil ist jedoch kein homogenes Ganzes. Es gibt Inseln kultureller Differenzen, wie z. B. Indianerkulturen in Amerika, und die Abgrenzung zwischen den Kulturerdteilen ist fließend. Die Sahelzone z. B. gehört der Rasse nach zu Schwarzafrika, aufgrund der islamischen Religion aber zum Orient.

Wirtschaftlich gesehen gehören, auch aufgrund naturräumlicher, historischer und kultureller Besonderheiten, ganze Kulturerdteile zu den Entwicklungs- und Schwellenländern: Schwarzafrika, Lateinamerika, Orient, Indien und Südostasien.

1.2 Klassifizierung von Entwicklungsländern

Kriterien der Klassifizierung

Als grobe Richtlinie für die Unterscheidung von Industrie- und Entwicklungsländern gilt ein **BIP** (Bruttoinlandsprodukt = Gesamtwert aller innerhalb eines Landes in einem Zeitraum erzeugten Güter und Dienstleistungen) von ca. 10 000 US-$. Das BIP allein hat aber nur begrenzte Aussagekraft, weil es z. B. den **informellen Sektor** nicht berücksichtigt, d. h. die nicht offiziell erfasste Schattenwirtschaft („Schwarzarbeit"), die in manchen Entwicklungsländern bis zu 50 % der Wirtschaftsleistung erbringt. Der informelle Sektor ermöglicht es v. a. den Menschen aus ärmeren Schichten und Slums, die sonst keine Chance auf ein Einkommen haben, sich mit Tätigkeiten wie Schuheputzen, Kleingewerbe oder Müllverwertung ein, wenn auch geringes, Auskommen zu sichern. Um eine differenziertere Aussage über den Entwicklungsstand eines Landes treffen zu können, bietet sich der **Human Development Index (HDI)** an (vgl. S. 124), der sich aus den Indikatoren Lebenserwartung, Bildungsniveau und Einkommen zusammensetzt und eine Skala von 0–1 umfasst. Um den höchsten Wert von 1 zu erreichen, sind eine durchschnittliche Lebenserwartung von 85 Jahren, eine vollständige Alphabetisierung mit Zugang zu allen Bildungseinrichtungen und ein Jahreseinkommen von über 40 000 US-$ nötig.

Schwierigkeiten der Klassifizierung

Die Schwierigkeit, Unterentwicklung abzugrenzen, zeigt sich auch bei einem Vergleich der gering entwickelten Länder nach dem HDI mit den von den Vereinten Nationen unter dem Begriff **LDC** (= least developed countries) zusammengefassten Ländern. Die Vereinten Nationen verwenden für die Zuordnung zu den LDC-Ländern neben dem BIP u. a. auch Faktoren wie Lebenserwartung, Kalorienversorgung, Alphabetisierungsrate und den Anteil der Beschäftigten im sekundären Sektor. Fragwürdig und willkürlich erscheint jedoch der Ausschluss von Ländern mit mehr als 75 Mio. Einwohnern, weshalb sehr arme Länder wie Nigeria oder Pakistan nicht zu den LDC gezählt werden.

Auch die Zuordnung der Länder nach dem HDI sollte jedoch mit Vorsicht verwendet werden, wie das Beispiel Sudan zeigt, das dort zu den Ländern der mittleren Entwicklungsstufe gerechnet wird (vgl. die Karte auf S. 124). Dies mag zwar für den Nordteil des Landes zutreffen, nicht aber für die zu den ärmsten Regionen der Welt zählenden Provinzen im Süd- und Westsudan (Darfur).

Entwicklungsländer mit einem fortgeschrittenen Entwicklungsstand, deren Dynamik ihnen die Überwindung der typischen Strukturmerkmale eines Entwicklungslandes ermöglicht und die sich auf dem Weg zu einem Industrieland befinden, bezeichnet man als **Schwellenländer**. Zu ihrer Abgrenzung gibt es keine verbindlichen Kriterien, sie sollten aber neben einem relativ hohen BIP über einen starken sekundären Sektor verfügen. Zu ihnen rechnet man z. B. Brasilien, Mexiko und Malaysia, nicht aber Länder wie Saudi-Arabien oder Libyen, die ihr relativ hohes BIP durch Erdölexport erzielen, aber keine leistungsfähige Industrie besitzen. Beispiele für Länder, die den Sprung vom Schwellenland zum Industrieland in jüngster Zeit geschafft haben, sind Südkorea, Taiwan und Singapur.

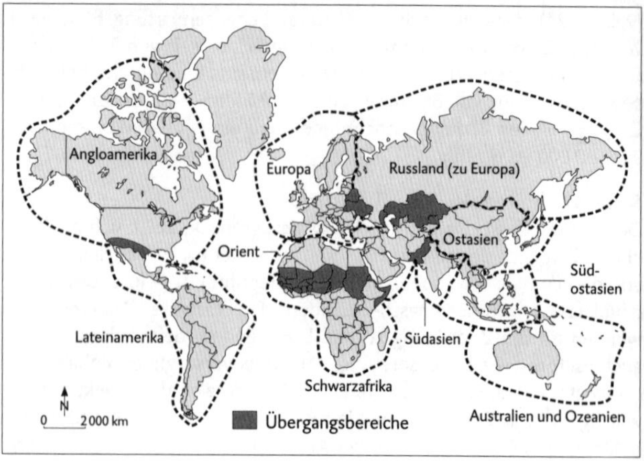

Kulturerdteile

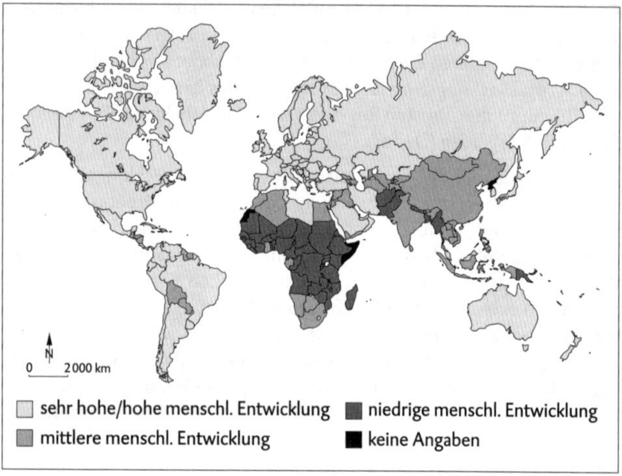

Einteilung der Erde nach dem HDI-Index 2011

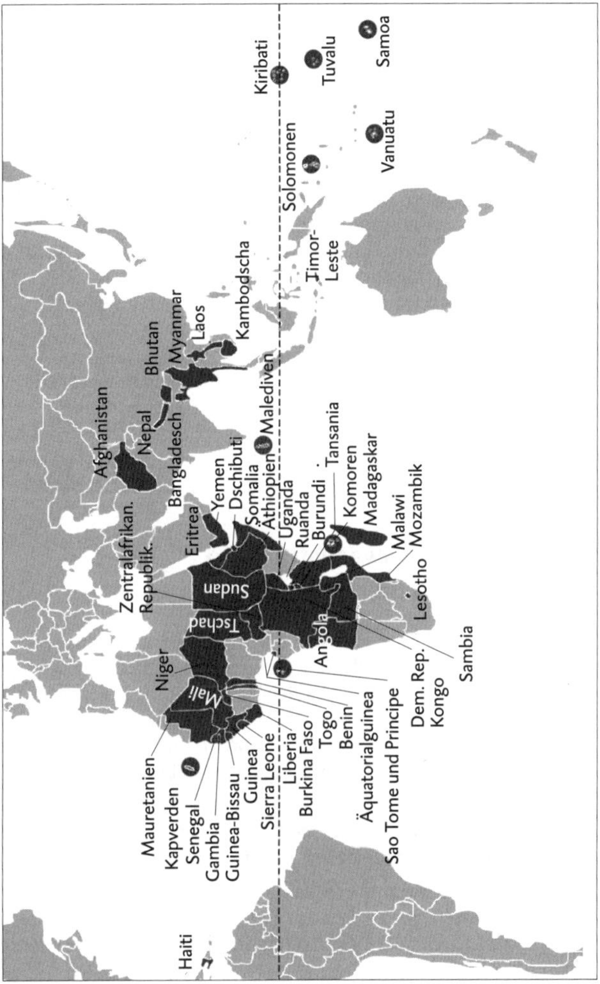

Die Gruppe der LDC-Länder

1.3 Charakteristika von Entwicklungsländern

Unterentwicklung ist eine Kombination verschiedenster **Defizite**, die sich häufig gegenseitig bedingen oder verstärken, wie z. B.:

- niedriges BIP pro Kopf
- weit verbreitete Unter- oder Mangelernährung
- sehr hoher Anteil der Erwerbstätigen im primären Sektor
- hohe offene und versteckte Arbeitslosigkeit
- hoher Anteil des informellen Sektors
- unzulängliche Infrastruktur in den Bereichen Verkehr, Energie, Wasser, Abwasser und Müllbeseitigung
- ärztliche Unterversorgung und starke Verbreitung übertragbarer Massenkrankheiten wie Malaria und HIV/Aids
- hohe Säuglingssterblichkeit und niedrige Lebenserwartung
- hohe Analphabetenrate und Mangel an qualifizierten Arbeitskräften
- geringe soziale Mobilität und ungleichmäßige Besitzverteilung
- fehlende Rechtssicherheit und Korruption
- Unterdrückung und Benachteiligung der Frauen
- großes Bevölkerungswachstum (vgl. unten) und Landflucht (vgl. 3.1).

1.4 Bevölkerungswachstum und demografischer Übergang

Ein sehr wichtiges charakteristisches Element für die Entwicklungsländer ist ihr hohes Bevölkerungswachstum, das zu einem globalen Anstieg der Bevölkerung führt. Ursache für den Bevölkerungsanstieg sind die steigenden Zuwachsraten beim Übergang von einer Agrar- zu einer Industriegesellschaft aufgrund veränderter Geburten- und Sterberaten. Das Modell des **demografischen Übergangs** beschreibt diesen Wandel in 5 Phasen:

- Phase 1: Hohe Geburten- und Sterberaten mit geringem Bevölkerungswachstum in traditionellen Agrargesellschaften
- Phase 2: Durch verbesserte Ernährung, medizinische Versorgung und hygienische Standards kommt es zu einem Absinken der Sterberaten, während gleichzeitig die Geburtenrate hoch bleibt und die Lebenserwartung steigt.

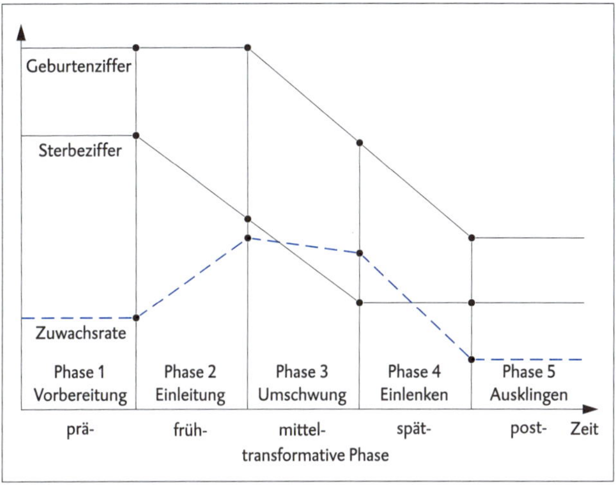

Das Modell des demografischen Übergangs

Dies führt zur **Bevölkerungsexplosion**. Gründe für eine hohe Geburtenrate sind Tradition, religiöse Vorstellungen und die Notwendigkeit von Kindern als Altersversorgung und billige Arbeitskräfte, v. a. in der Landwirtschaft. Außerdem hat die Frau in vielen Kulturen (z. B. Orient, Indien) traditionell wenig Rechte, wenig Bildung und keine finanzielle Unabhängigkeit, wodurch sie, bedingt auch durch das frühe Heiratsalter, der Rolle der vielfachen Mutter nicht entkommen kann. Die meisten Entwicklungsländer befinden sich in Phase 2 bzw.

- Phase 3: Bei weiterem Absinken der Sterberate beginnt auch die Geburtenrate zu sinken, weil die Kinder bei zunehmender Verstädterung und Einschulung zum Kostenfaktor werden, die Frauen verstärkt berufstätig sind und der Lebensstandard steigt. Das Bevölkerungswachstum geht jedoch nur sehr langsam zurück, weil sich viele Menschen im fortpflanzungsfähigen Alter befinden.
- Phase 4: Die stagnierende Sterberate bei gleichzeitig sinkender Geburtenrate führt zur starken Verringerung des Bevölkerungswachstums.

- Phase 5: Geburten- und Sterberate stagnieren; die Bevölkerungszahl bleibt konstant. Bei zunehmender **Überalterung der Gesellschaft** kann es zu einem Wiederanstieg der Sterberate und bei weiter rückläufigen Geburtenraten zu einem Bevölkerungsrückgang kommen. Bsp.: Italien, Japan, Deutschland.

Die jeweiligen **Entwicklungsphasen** spiegeln sich auch in den idealtypischen Grundformen der **Bevölkerungspyramiden** wider:

explosives Bevölkerungswachstum (Phase 2): Pagodenform z. B. Mali, Kenia 1990	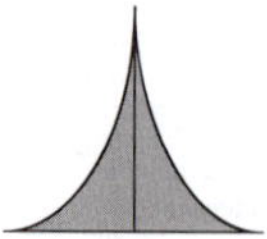
starkes Bevölkerungswachstum (Phase 3): Pyramidenform z. B. Deutschland 1910/Brasilien 1990	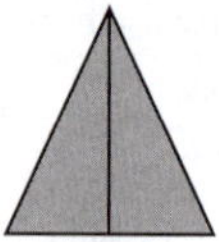
Rückgang der Geburtenrate (Phase 4): Pyramide mit schmaler Basis z. B. China 1980	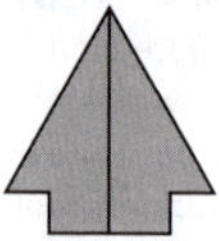
stabile Bevölkerungszahl (Phase 5): Glockenform z. B. Europa 1990	
abnehmende Bevölkerungszahl: Urnenform z. B. Deutschland 2030	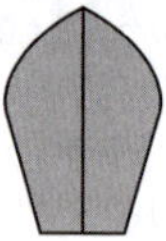

2 Sozioökonomische Strukturen und Landnutzung

2.1 Sozioökonomische Strukturen

Sozioökonomische Strukturen beschreiben die wirtschaftlichen Organisationsformen einer Gesellschaft. Diese Strukturen können großen Einfluss auf die Entwicklung eines Landes nehmen, indem sie Fortschritt und Weiterentwicklung fördern oder verhindern. Ursächlich für die Unterentwicklung der Entwicklungsländer mitverantwortlich sind die folgenden sozioökonomischen Strukturen:

Subsistenzwirtschaft
Unter Subsistenzwirtschaft versteht man **Selbstversorgung**, d. h. produziert wird nicht für den Markt/Verkauf, sondern für den Eigengebrauch; zumindest ein kleiner Teil der erzeugten Lebensmittel wird jedoch fast immer veräußert. Anzutreffen ist die Subsistenzwirtschaft hauptsächlich in agrarisch geprägten Räumen der Entwicklungsländer. Ursache ist neben einem Mangel an Kapital und Know-how das Fehlen von Absatzmärkten. Mehr als 50 % der afrikanischen und ca. 1/3 der lateinamerikanischen Bauern sind Selbstversorger. Da die Subsistenzwirtschaft kaum Produktionssteigerungen pro Flächeneinheit zulässt, kann sie eine steigende Bevölkerungszahl nicht ernähren, sondern zwingt die Menschen zur Abwanderung in die Städte oder zur Ausdehnung der landwirtschaftlichen Nutzflächen zulasten der Natur und des ökologischen Gleichgewichts. Außerdem beansprucht die Subsistenzwirtschaft die Böden einseitig und bietet meist nur ein wenig vielfältiges Nahrungsangebot, was zu Mangelernährung führen kann. Subsistenzwirtschaft kann aber durch ein vielseitigeres Nahrungsangebot, den Ausbau der Infrastruktur und die Bildung von Kooperativen weiterentwickelt werden. So wird den Bauern der Marktzugang in die Städte ermöglicht und sie können Gewinne erzielen, die sie in Intensivierungsmaßnahmen zur **Produktionssteigerung** investieren können.

Rentenkapitalismus
Dieses Wirtschafts- und Sozialsystem ist besonders im **Orient**, aber auch auf dem **indischen Subkontinent** weit verbreitet. Dabei lebt der

Großgrundbesitzer bzw. **Eigentümer** von Handwerksbetrieben meist in der Stadt und **verpachtet sein Eigentum** (Boden, Wasserrechte, Saatgut, Werkzeuge), um daraus Gewinne (Renten) zu erzielen, ohne selbst tätig zu werden. Der Eigentümer ist selten daran interessiert, Gewinne zu reinvestieren, sondern verwendet sie anderweitig in der Stadt. Bei den Pächtern handelt es sich zumeist um eine Vielzahl von Kleinpächtern, deren Verträge oft nur mündlich und für ein Jahr abgeschlossen werden. Das bedeutet, dass die Bauern z. B. kaum Interesse an Maßnahmen zum Erhalt der Bodenfruchtbarkeit haben, da nicht sicher ist, ob sie im nächsten Jahr davon profitieren. Weil ihre Abgaben sehr hoch sind (z. T. über 50 %!), reduziert sich auch ihr Interesse an höheren Erträgen. Die Bauern leben häufig am Rande des Existenzminimums und sind beim Eigentümer verschuldet. Rentenkapitalismus ist ein **Ausbeutungssystem**, das die Produktivität hemmt oder sogar mittel- und langfristig reduziert. Ähnliche Strukturen wie in der Landwirtschaft gibt es auch im Handwerksbereich, z. B. bei der Produktion von Teppichen (Verpachtung von Webstühlen und Bereitstellung von Wolle) und im Dienstleistungssektor: Beispielsweise müssen viele Rikschafahrer den größten Teil ihres Gewinns an den Rikschabesitzer abgeben.

Haziendasystem

Dabei handelt es sich um ein agrarsoziales System, das auf die feudalistischen **Strukturen der Kolonialzeit** in Lateinamerika zurückgeht, als europäische Kolonisten Land und abhängige Arbeiter erhielten. Teilweise ähnelt es dem Rentenkapitalismus. Auch hier lebt der Landeigentümer, der Patron, oft in der Stadt, wo er die erwirtschafteten Gewinne verbraucht und wenig reinvestiert. Die Leitung der großen **Latifundien** überlässt er einem Verwalter, der dort mit Lohnarbeitern und Pächtern z. B. Getreide, Soja und Vieh für den Markt produziert. Den Kleinpächtern werden so genannte **Minifundien** zur Selbstversorgung überlassen, doch dafür müssen sie auf den Latifundien kostenlos arbeiten. Die Lohnarbeiter erhalten sehr niedrige Löhne, zum Teil in Form von Gutscheinen, die sie nur im hazienda-eigenen Laden eintauschen können. Dadurch geraten sie schnell in eine Schuldenfalle, was wiederum dazu führt, dass sie an die Hazienda gebunden bleiben. Da wenig Kapital investiert wird, solange es billige Arbeitskräfte gibt, die ausgebeutet werden können, ist das Haziendasystem relativ unproduktiv. Es führt zu einer kaum überwindbaren Schichtung der Bevölkerung in Ober- und Unterschicht, wodurch soziale Spannungen geschürt werden.

Tribalismus

Bei traditionellen tribalistischen (engl. tribe = Stamm) Agrarsystemen, wie sie häufig in **Schwarzafrika** vorkommen, ist der Grund und Boden im Besitz der Sippen, Stämme oder Dorfverbände, die den einzelnen Familien Nutzungsrechte für die Subsistenzwirtschaft überlassen. Das Land wird dabei z. T. auch in Gemeinschaft bewirtschaftet. Tribalistische Agrarsysteme verhindern durch Ausgleich innerhalb der Gruppe das Entstehen großer Disparitäten und sind **sozial stabilisierend**, jedoch **nicht sehr produktiv**. Allmählich kommt es aber durch die Festlegung von individuellem Grundeigentum und v. a. in den Gebieten, in denen ein Übergang zur Marktwirtschaft stattfindet, zu einer Auflösung dieser Systeme. Tribalismus kann auch im politischen Sinne eine Großgruppenbildung beschreiben. Da die Staaten Schwarzafrikas aus ehemaligen Kolonien hervorgegangen sind, deren Grenzen ohne Rücksicht auf die Stammeszugehörigkeit der Bewohner gezogen wurden, gibt es innerhalb der Staatsgrenzen oft eine Vielzahl unterschiedlicher Stämme und Ethnien, was häufig zu Konflikten und bewaffneten Auseinandersetzungen führt (z. B. Ruanda, Kongo, Sudan etc.).

Kastenwesen

Der in **Indien** vorherrschende Hinduismus hat zur Entstehung des Kastensystems geführt, in dem die soziale und wirtschaftliche Stellung eines Menschen schon durch seine Geburt festgelegt wird. Die so entstandene **Hierarchie** vom Priester (Brahmanen) bis zu den Unberührbaren (Parias) ließ **keinerlei soziale Mobilität** zu. Unter der britischen Kolonialherrschaft kam es zum Ausbau der Bewässerungssysteme und zur Einführung des Anbaus von Marktprodukten wie Baumwolle und Jute für die britische Textilindustrie. Die gebildete Oberschicht der Brahmanen konnte dies nützen und viel Land und Vermögen erwerben, weil sie die Briten unterstützte, während die Bauern, die zuvor in Großfamilien und Dorfgemeinschaften ein gewisses Maß an Sicherheit fanden, zunehmend verarmten, in Schuldabhängigkeit gerieten und zu Pächtern und Landarbeitern wurden. Zwar ist das Kastenwesen in Indien inzwischen **offiziell verboten**, aber gerade im ländlichen Raum spiegelt es immer noch die Disparitäten zwischen Arm und Reich wider.

2.2 Landnutzung in den feuchten Tropen

Die traditionelle Form der Landwirtschaft in den feuchten Tropen, insbesondere im Bereich der tropischen Regenwälder, ist der **Brandrodungswanderfeldbau** (Shifting Cultivation).

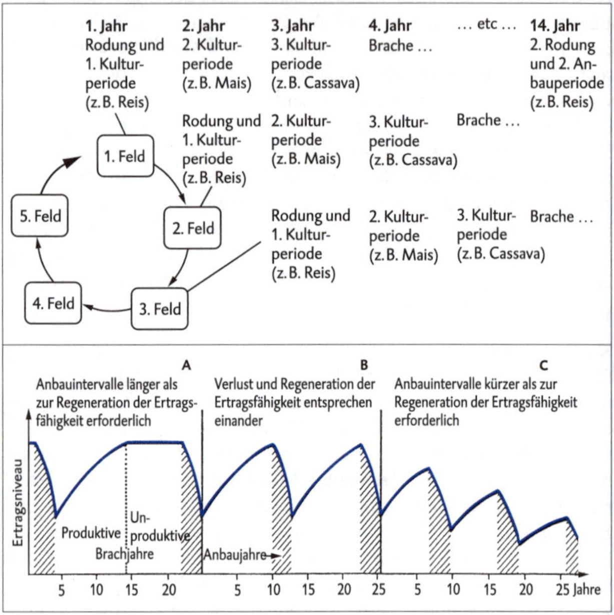

Das Prinzip des Brandrodungswanderfeldbaus und die Entwicklung der Ernteerträge

Dabei handelt es sich um eine extensive Landwechselwirtschaft, bei der die Bauern gezwungen sind, aufgrund der Nährstoffarmut der Böden alte Felder aufzugeben und neue durch Abbrennen von Wäldern zu gewinnen. Die im tropischen Regenwald hauptsächlich in der Biomasse konzentrierten Nährstoffe werden so in Form von Asche als Dünger zur Verfügung gestellt. Nachdem die Nährstoffe durch den Anbau zum Beispiel von Trockenreis oder Maniok aufgebraucht wurden, benötigt der Wald einige Jahre der Brache, um sich als **Sekundärwald** wieder anzusiedeln und um die Bodenfruchtbarkeit wiederherzustellen. Sekundärwald weist allerdings eine wesentlich geringere Artenvielfalt auf als Primärwald und erreicht auch nicht dieselbe Höhe, weil das oberste Stockwerk der in Jahrhunderten gewachsenen Urwaldriesen fehlt.

Ursprünglich war diese Form der Landwirtschaft gut an die naturräumlichen Bedingungen angepasst. Mit steigenden Bevölkerungszahlen und dem Anbau von **cash crops** (landwirtschaftlichen Produkten wie Kakao, Bananen, Kaffee, Tee etc. für den Export) wurden aber immer größere Flächen gerodet bzw. zu schnell wieder gerodet, sodass sich der Wald und der Boden nicht mehr regenerieren konnten. Aufgrund fehlender Flächen ist der Wanderfeldbau stark rückläufig bzw. in Teilen Südostasiens bereits komplett zum Erliegen gekommen. Der Anbau von cash crops erfolgt überwiegend auf **Plantagen** in Form von Dauerkulturen. Die meisten Plantagen sind auf ein Produkt spezialisiert und benötigen einen hohen Kapitaleinsatz, da der Anbau in Monokulturen den Einsatz von Dünger und Pflanzenschutzmitteln nötig macht. Die Verwendung von Maschinen ist dagegen weniger stark ausgeprägt. Der größte Teil der Arbeit wird durch billige Arbeitskräfte (Kaffee-, Teepflücker) erledigt, die meist in speziellen Arbeitersiedlungen auf der Plantage leben. Typisch für Plantagen ist auch, dass die Produkte bereits vor Ort in speziellen Anlagen weiterverarbeitet und verpackt werden. Viele Plantagen befinden sich im Besitz internationaler Großkonzerne (Dole, Chiquita) oder sie gehören Großgrundbesitzern und sind somit eine Fortentwicklung des Haziendasystems.

Bedrohung tropischer Wälder durch Agrarkolonisation

Eine besonders große Bedrohung für die tropischen Wälder ist die moderne Agrarkolonisation, bei der es zur staatlich geförderten Ansiedelung von Bauern in peripheren, unerschlossenen Gebieten kommt. Die beiden wichtigsten Beispiele sind das **Transamazonica-Projekt** in Brasilien und die als **Transmigrasi** bezeichnete Umsiedelungsaktion von Bauern aus dem extrem dicht besiedelten Java auf umliegende Inseln wie Borneo und Celebes in Indonesien. Der Staat vergibt Eigentumsrechte an Kleinbauern und leistet infrastrukturelle Erschließungsmaßnahmen wie z. B. den Bau von Straßen wie der Transamazonica, damit die Neusiedler in den Urwald vordringen können. Die Siedler brennen den Wald dauerhaft nieder (keine Landwechselwirtschaft), wodurch es zu großräumigen Zerstörungen (besonders in El-Niño-Jahren, vgl. S. 30) und Konflikten mit den Ureinwohnern (Indianer, Dayak) kommt.

Dabei verfolgen die Länder meist mehrere **Ziele:** Erweiterung der Nahrungsmittelversorgung, Sicherung territorialer Ansprüche, Erschließung von Rohstoffen, Abbau sozialer und räumlicher Disparitäten. Insbesondere der letzte Punkt ist dabei häufig nicht erreicht worden, weil aufgrund der schwierigen naturräumlichen Gegebenheiten und der mangelnden Erfahrung der Neusiedler die erzielten Erträge nur für wenige Jahre ein ausreichendes Niveau erreichen. Besonders in Lateinamerika werden die Kleinbauern deshalb von Großgrundbesitzern verdrängt, die auf den ausgelaugten Böden der ehemaligen Wälder extensive Weidewirtschaft betreiben. Anstatt es den verarmten Kleinbauern zu ermöglichen, sich eine neue Existenz aufzubauen, hat sich lediglich die von Großgrundbesitzern bewirtschaftete Fläche auf Kosten von Natur und Ureinwohnern erhöht.

Weitere **Ursachen für die Zerstörung der tropischen Wälder** sind neben der Rodung für die landwirtschaftliche Nutzung die folgenden Faktoren:

- Einschlag von Nutz- und Edelhölzern (häufig illegal)
- Abbau von Rohstoffen, v. a. im Tagebau oder unter Einsatz hochgiftiger Stoffe wie Quecksilber
- Anlage von Staudämmen und Straßen

Die Zerstörung der tropischen Wälder verläuft in sehr hohem Tempo. Bei den derzeitigen Abholzungsraten dürfte z. B. Indonesien bis 2010 über keinen tropischen Tieflandregenwald mehr verfügen.

Folgen der Zerstörung sind neben dem Aussterben zahlreicher Tier- und Pflanzenarten eine verstärkte Bodenerosion, die die ohnehin schon geringe Fruchtbarkeit der tropischen Böden weiter reduziert, und eine Veränderung des lokalen Klimas (weniger Niederschläge, höhere Temperaturen) sowie des globalen Klimas durch die Emission von CO_2 und die Zerstörung einer der wichtigsten CO_2-Senken (vgl. S. 42 f.).

2.3 Landnutzung in den trockenen Tropen und Subtropen

Die traditionellen Formen der Landnutzung in Trockenräumen sind Nomadismus und Bewässerungslandwirtschaft. Bewässerung ist nur im Bereich von **Oasen** mit ausreichendem Wasserangebot möglich. Dabei unterscheidet man folgende Oasentypen:

- **Flussoasen** wie Nil, Euphrat und Tigris, die als Fremdlingsflüsse in regenreichen Gebieten entspringen und die Trockenräume durchfließen
- **Quelloasen**, entstanden durch Wasser, das an wasserundurchlässigen Schichten am Fuß von Gebirgen austritt
- **Grundwasseroasen**, bei denen das Wasser mithilfe von Schöpfbrunnen an die Oberfläche gebracht bzw. die Grundwasser führende Schicht im Gebirge mithilfe von Stollen angezapft wird. Diese traditionell besonders im Orient weit verbreitete Form bezeichnet man als **Foggara** (bzw. Qanat).

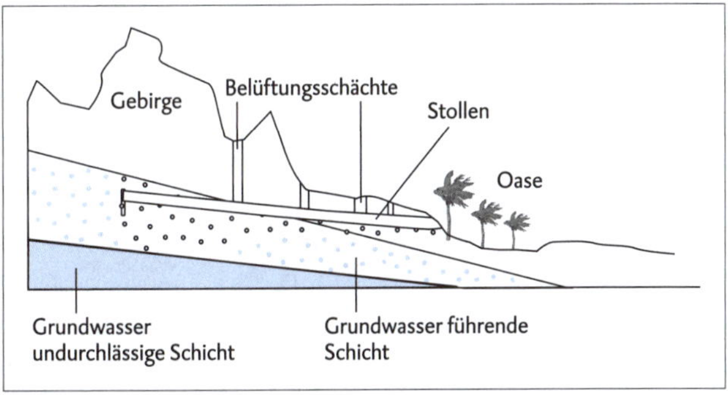

Foggara

Traditionell waren die Oasen auf Selbstversorgung und Handel mit den Nomaden ausgerichtet. Wichtigste Kulturpflanze war und ist die Dattelpalme, in deren Schatten im mittleren Stockwerk Fruchtbäume wie Feigen und Granatäpfel und am Boden Getreide und Gemüse gedeihen. Aufgrund ihrer peripheren Lage und des Niedergangs des Karawanenhandels verloren die Oasen in der Neuzeit stark an Bedeutung. Bevölkerungswachstum und mangelnde Erwerbsmöglichkeiten außerhalb der Landwirtschaft führten zur Abwanderung v. a. der jüngeren Bevölkerung. Außerdem haben viele Oasen mit der **Bodenversalzung** zu kämpfen. Durch die Dauerbewässerung steigt der Grundwasserspiegel in den Bereich des Verdunstungssoges, sodass Grundwasser durch die Kapillaren, feinste Röhrensysteme im Boden, aufsteigen kann. Dabei löst es Salze, die nach dem Verdunsten des Wassers an der Oberfläche und im Oberboden zurückbleiben (vgl. Grafik).

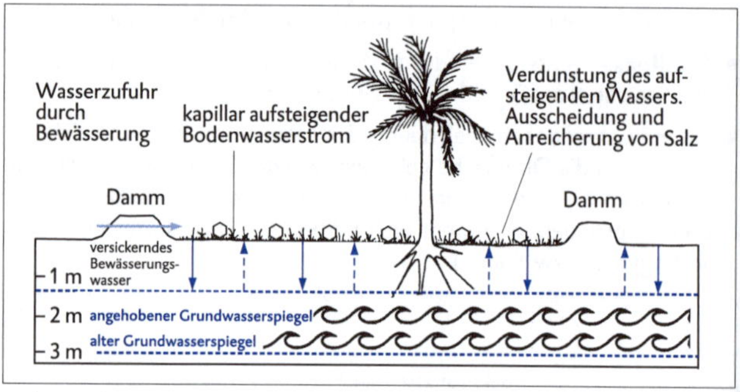

Bodenversalzung durch Bewässerung

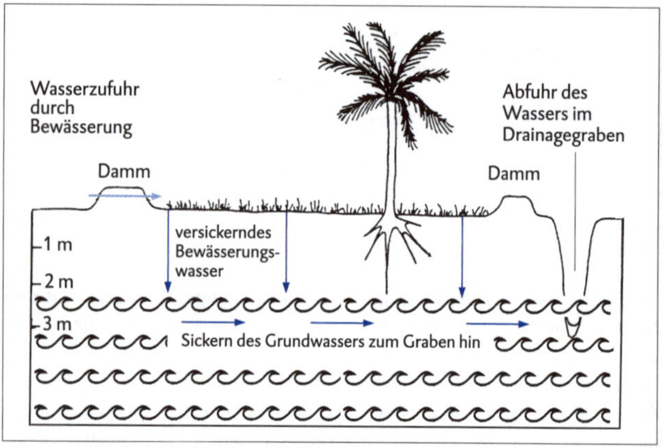

Entwässerung mit Drainagegraben

Versalzte Böden sind für die Landwirtschaft kaum nutzbar, weil die meisten Kulturpflanzen nicht salzresistent sind, und müssen oft aufgegeben werden. Verhindern kann man dies durch die Anlage von tieferen Entwässerungsgräben, die einen Anstieg des Grundwasserspiegels verhindern (vgl. Grafik). Außerdem können moderne Bewässerungsmethoden wie die **Tröpfchenbewässerung**, bei der poröse Schläuche eine genau abgestimmte Menge an Wasser direkt an die Wurzeln bringen, die Gefahr von Versalzung deutlich reduzieren.

Gerade auch im Bereich von Flussoasen können mithilfe von Staudämmen und Kanälen neue landwirtschaftliche Nutzflächen erschlossen werden (vgl. Ägypten S. 145). Die Viehzucht in den Trockenräumen betreiben häufig Nomaden, die sich an die naturräumlichen Bedingungen angepasst haben, indem sie den Niederschlägen, zum Beispiel dem nach Norden wandernden Zenitalregen in der Sahelzone, folgen. Der Nomadismus ist aber stark rückläufig, weil die jeweiligen Staaten versuchen, ihre Nomaden zum Teil zwangsweise sesshaft zu machen, um sie besser kontrollieren zu können. Andererseits werden viele Nomaden auch freiwillig sesshaft, weil sie nur so in den Genuss von zum Beispiel Schulen und verbesserter medizinischer Versorgung gelangen können. Zudem hat auch bei den Nomaden und Viehzüchtern der starke Bevölkerungsanstieg zu vielen Problemen geführt, besonders in der Sahelzone, in der noch immer die Größe einer Herde der Gradmesser für Reichtum und Ansehen ist.

Die **Sahelzone** weist wie alle Übergangsbereiche zur Wüste eine hohe Niederschlagsvariabilität auf, das heißt, es kommt immer wieder zu ausgeprägten Dürreperioden, während Starkregenereignisse und heftige Winde in diesem vegetationsarmen Gebiet zur raschen Erosion des Bodens führen. Dieser anfällige Naturraum wird vom Menschen überbeansprucht und zerstört. Die Folge ist **Desertifikation**, das heißt, die Zerstörung von Acker- und Weideland und die Ausbreitung der Wüste. Weltweit sind davon aktuell ungefähr 65 Millionen Hektar ehemals produktiver landwirtschaftlicher Nutzfläche betroffen und die Existenz von rund 850 Millionen Menschen ist bedroht. Zusammenfassend lassen sich folgende anthropogene Ursachen der Desertifikation darstellen:

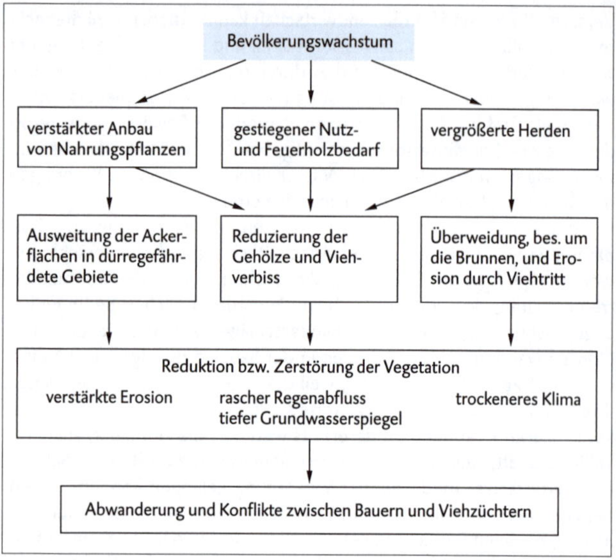

Schema der Desertifikation

Als Folge der Desertifikation nimmt das **Tragfähigkeitspotenzial**, d. h. die Menge an Menschen, die ein Gebiet langfristig ernähren kann, ab:

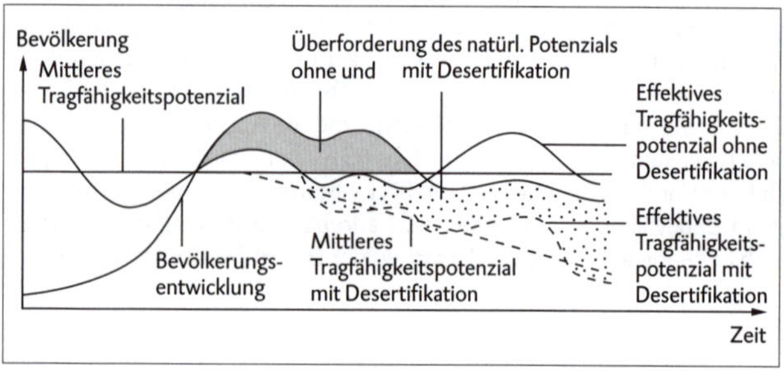

Tragfähigkeitspotenzial und Desertifikation

3 Verstädterung und regionale Disparitäten

3.1 Landflucht

Innerhalb vieler Entwicklungsländer herrschen ausgeprägte regionale Disparitäten vor (vgl. z. B. Brasilien S. 151 ff.). Diese bestehen häufig zwischen dem peripheren, ländlichen Hinterland und den Metropolen, die sich meist aufgrund der kolonialzeitlichen Erschließung an der Küste befinden (Bombay, Kalkutta in Indien; Lagos in Nigeria; Lima in Peru). Durch den zunehmenden Bevölkerungsdruck in den ländlichen Räumen kommt es zur **Landflucht**, d. h. zur Abwanderung in die Stadt.
Folgende Gründe, sog. **Pushfaktoren**, vertreiben die Menschen aus dem ländlichen Raum:

- Überbevölkerung aufgrund der hohen Geburtenraten,
- geringe oder keine Verdienstmöglichkeiten auf dem Land,
- Mangel an Boden und Kapital (häufig konzentriert in den Händen von Großgrundbesitzern),
- Bodendegradation und Bodenerosion,
- Naturkatastrophen wie z. B. Dürren oder Überschwemmungen.

Gründe, die die Menschen in die Stadt locken, nennt man **Pullfaktoren:**

- Hoffnung auf bessere Arbeits- und Verdienstmöglichkeiten,
- Ausbildungsmöglichkeiten,
- bessere medizinische Versorgung,
- soziale Aufstiegsmöglichkeiten,
- leichterer Zugang zu Konsumgütern und größeres Freizeitangebot.

3.2 Stadtstrukturen

Landflucht und natürliches Bevölkerungswachstum in den Städten führen zu einer enormen Verstädterung und Urbanisierung. So wächst z. B. Shanghai pro Jahr um ca. 500 000 Einwohner und dürfte 2010 die Marke von 20 Mio. Einwohnern erreichen. Unter **Verstädterung** versteht man das Wachsen der Städte nach Anzahl, Fläche und Einwohnerzahl. Davon ist die **Urbanisierung** zu unterscheiden, die die Ausbreitung städtischer Verhaltensweisen in ländliche Räume und die daraus folgenden räumlichen Strukturen und Prozesse beschreibt. Oft kommt es zu einer einseitigen Bevölkerungskonzentration auf eine sehr schnell wachsende Metropole (**Metropolisierung**). So lebt besonders in Lateinamerika z. T. über ein Drittel der Einwohner eines Landes in einer Stadt: Argentinien – Buenos Aires, Uruguay – Montevideo, Chile – Santiago.

Das rasche Wachstum stellt die Städte vor große Probleme, da viele **Marginalsiedlungen** entstehen, deren Bewohner aufgrund mangelnden Einkommens und fehlenden Grundbesitzes behelfsmäßige Behausungen errichten, z. B. am Stadtrand oder entlang von Bahnlinien. Diesen Typ bezeichnet man auch als Squattersiedlung, weil er von Landbesetzern, Siedlern ohne legale Grundlage (engl.: squatter), errichtet wurde. Falls der Grund von Immobilienmaklern verkauft wurde, aber keine Baugenehmigung vorlag, spricht man von halblegalen Marginalsiedlungen. Der Begriff **Slum** dagegen bezeichnet degradierte, heruntergekommene alte Bausubstanz im Innenstadtbereich, in der die Wohnungen zimmerweise vermietet werden und auch die Hinterhöfe nachträglich bebaut wurden. Die Infrastruktur (Strom, Wasser, Kanalisation, Straßen, Schulen etc.) fehlt besonders in den illegalen Siedlungen oder ist zumindest unzureichend, während die Bevölkerungsdichte in den Marginalsiedlungen und die Kriminalitätsrate, v. a. in den Slums, sehr hoch sind. Um die Probleme der Marginalsiedlungen zu lösen, in denen immerhin über 50 % der städtischen Bevölkerung in Entwicklungsländern leben, gibt es verschiedene Ansätze. Eine Vertreibung der illegalen Siedler unter Zerstörung ihrer Häuser hat sich als nicht zweckmäßig erwiesen, weil die Vertriebenen mangels Alternativen nach kürzester Zeit zurückkehrten. Die beste Lösung ist die Sanierung bestehender Siedlungen durch den nachträglichen Ausbau der Infrastruktur unter Mithilfe der Bewohner bei gleichzeitiger Übertragung der Eigentumsrechte.

Als **Segregation** bezeichnet man die räumliche Trennung verschiedener sozialer Gruppen nach Rasse, Sprache, Volkszugehörigkeit, Religion oder sozialer Schicht in verschiedenen Stadtvierteln, die besonders in Ländern mit Tribalismus (vgl. S. 131) deutlich ausgeprägt ist.

Rasches Bevölkerungswachstum, Verstädterung und das Entstehen von Marginalsiedlungen sind typisch für fast alle Entwicklungsländer. Aufgrund der unterschiedlichen Geschichte und Kultur haben sich allerdings in einigen Kulturerdteilen typische Stadtstrukturen entwickelt, die man modellhaft beschreiben kann.

Lateinamerikanische Stadt

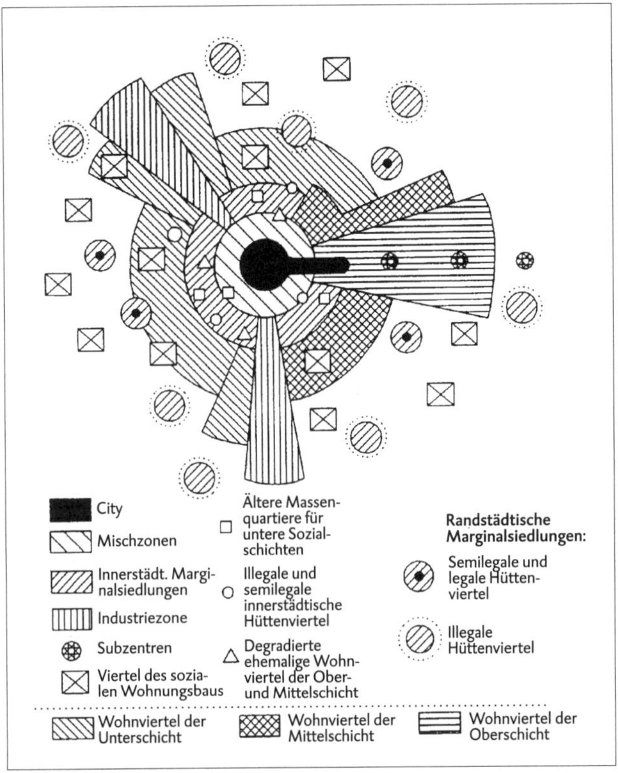

Modell der lateinamerikanischen Großstadt

Typischerweise wurden lateinamerikanische Städte in schachbrettförmigem Grundriss errichtet, der aber im Lauf der Zeit durch fehlende Stadtplanung und illegale Bebauung beim Wachstum nach außen nicht mehr berücksichtigt wurde. Die Altstadt ist von einem Ring aus Hüttenvierteln und degradierten Wohnvierteln, die ehemals von wohlhabenderen Schichten bewohnt wurden, umgeben. Weitere Marginalsiedlungen, die in Brasilien **Favelas** und in Peru **Barriadas** heißen, finden sich entlang der Industriezonen, im Randbereich und als isolierte Hüttensiedlungen im Umland. Die Wohnviertel der Mittel- und Oberschicht haben Anschluss an das Stadtzentrum bzw. haben aufgrund der vorhandenen Kaufkraft ihre eigenen Subzentren entwickelt. Gerade im Bereich der Oberschicht entstehen immer mehr **gated communities**, durch Zäune und Wachpersonal geschützte Areale, die häufig auch über eigene Schulen und Geschäfte verfügen.

Orientalische Stadt

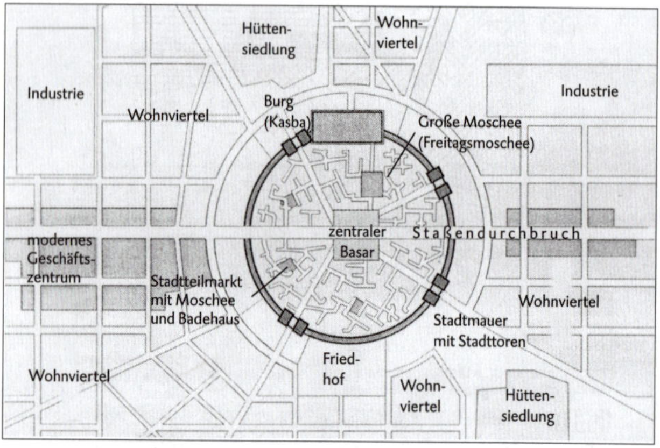

Modell der orientalischen Altstadt (Medina), Stadterweiterungen seit Mitte des 19. Jh.

Die orientalische Altstadt ist auf die **zentrale Moschee** und den **Basar** ausgerichtet. Sie ist umgeben von verwinkelten Gassen, die oft in Sackgassen enden, und wird durch eine **Stadtmauer** begrenzt. Da die dicht bebauten Altstädte kaum den Erfordernissen der modernen Geschäftswelt entsprechen, entstanden seit der Kolonialzeit Neustädte nach europäischem Vorbild als moderne Geschäftszentren. Daher weisen die orientalischen Städte heute meist ein **doppeltes Stadtzentrum** auf. Die Ober- und Mittelschichtviertel befinden sich überwiegend in der Nähe des modernen Geschäftszentrums, während die Unterschicht meist in der Altstadt oder in Hüttensiedlungen wohnt.

4 Ausgewählte Beispiele

4.1 Nigeria: Die Probleme Schwarzafrikas

Nigeria ist mit 155 Mio. Einwohnern das bevölkerungsreichste Land Afrikas (2011). Bei Nigeria handelt es sich, wie bei nahezu allen schwarzafrikanischen Ländern, nicht um ein historisch gewachsenes Land, sondern um eine ehemalige britische Kolonie, in deren künstlich gezogenen Grenzen neben den vier Hauptethnien der Yoruba (21 %), Hausa (21 %), Ibo (18 %) und Fulani (11 %) noch weitere 245 kleinere Ethnien leben. Die Spannungen in dem **Vielvölkergemisch** werden noch dadurch verstärkt, dass der Norden überwiegend islamisch, der Süden hingegen christlich bzw. animistisch, also von Naturreligionen geprägt ist. Das bedeutet z. B., dass die Frauen im Süden eine große wirtschaftliche Unabhängigkeit besitzen, während sie im Norden kaum Rechte haben. Zusätzliches Konfliktpotenzial gibt es durch die Wiedereinführung der **Scharia** (islamisches Recht) in einigen Provinzen des Nordens seit 1999, die z. B. Frauen mit Steinigung droht, falls sie außerehelichen Geschlechtsverkehr haben. Die Einführung der Scharia führte zu großen Spannungen im Norden des Landes, die sich in Konflikten entluden, die mehreren hundert Menschen das Leben kosteten. Im Extremfall können die ethnischen und religiösen Spannungen zu Bürgerkriegen führen wie zwischen 1967 und 1970, als in Nigeria ein Bürgerkrieg tobte, weil sich der Osten unter dem Namen Biafra abspalten wollte. Bis heute gibt es Spannungen in den Ölfördergebieten des Nigerdeltas, besonders im Gebiet der Ogoni, weil die dortige Bevölkerung nicht an den Profiten der Erdölexporte beteiligt wird. Andererseits aber leiden die Ogoni unter den Umweltschäden durch alte, schlecht gewartete Anlagen und Pipelines, die durch Felder und Dörfer führen, und unter gesundheitlichen Beeinträchtigungen als Folge des Abfackelns der bei der Erdölförderung austretenden Gase. Ein weiteres typisches Problem Schwarzafrikas ist neben den durch die ethnische Inhomogenität bedingten Konflikten die weit verbreitete **Korruption**. Nigeria gilt in dem weltweiten, durch Befragung unter Geschäftsleuten erstellten Korruptionsindex als eines der zehn korruptesten Länder der Welt. Trotz vorhandener Rohstoffe verarmt der größte Teil der Bevölkerung, während sich eine kleine politische Elite bereichert. Andererseits schreckt Korruption zusammen mit der ohnehin recht instabilen politischen Lage aufgrund der ethnischen Konflikte viele ausländische Investoren ab, sodass nur unzureichend Arbeitsplätze für die rasch wachsende Bevölkerung entstehen. Die **Bevölkerungsexplosion** ist ein weiteres typisches Problem der afrikanischen Länder. In Nigeria hat sich die Bevölkerung innerhalb von wenigen Jahrzehnten verdoppelt. Besonders dramatisch wirkt sich das Problem in den Städten aus, die neben dem natürlichen Bevölkerungszuwachs durch den Geburtenüberschuss auch noch unter hohem Zuzug, bedingt durch die Landflucht, leiden. Am deutlichsten wird der exorbitante Bevölkerungszuwachs am Beispiel der Hafenstadt, Wirtschaftsmetropole und ehemaligen Hauptstadt Lagos.

Der rasche Bevölkerungsanstieg führt zu einer dramatischen Überlastung der Infrastruktur mit allen entsprechenden Folgen: Verkehrskollaps,

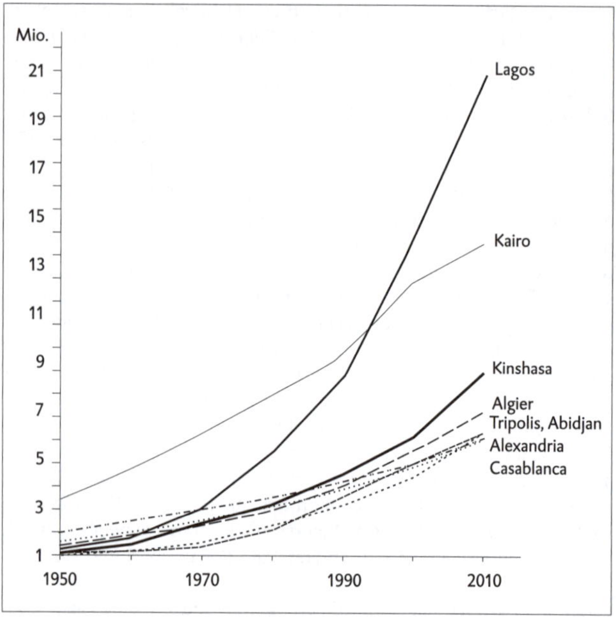

Agglomerationsräume und Bevölkerungszunahme in Afrika 1950–2010

häufiger Stromausfall, Mangel an Trinkwasser, weite Verbreitung von Infektionskrankheiten aufgrund fehlender Kanalisation usw.

Kein Kontinent leidet mehr als Afrika unter **Infektionskrankheiten** wie Malaria, der von der Tsetsefliege übertragenen Schlafkrankheit oder auch HIV/Aids. Im Jahr 2007 waren z. B. 2,6 Mio. Nigerianer mit dem HI-Virus infiziert, d. h. mehr als drei Prozent der Gesamtbevölkerung. Diese weit verbreiteten Krankheiten führen nicht nur zu einem deutlichen Rückgang der Lebenserwartung, sie hemmen auch die wirtschaftliche Leistungsfähigkeit der afrikanischen Länder.

4.2 Ägypten: Bevölkerungswachstum und Neulandgewinnung

Ernährungs- und Bevölkerungssituation

Dank der jährlichen Nilflut, die Bewässerungslandwirtschaft in der Wüste ermöglichte und fruchtbaren Schlamm mit sich brachte, war Ägypten über viele Jahrtausende hinweg ein landwirtschaftliches Überschussgebiet, obwohl nur ca. 3,5 % des Staatsgebietes landwirtschaftlich nutzbar sind. Seit 1974 aber muss Ägypten landwirtschaftliche Produkte importieren, inzwischen bis zu 50 % aller benötigten Nahrungsmittel, um seine rasch wachsende Bevölkerung zu ernähren, die im Jahr 2005 die Zahl von 72 Mio. überschritten hat. Die Folge des Bevölkerungswachstums ist ein Rückgang der Erntefläche auf inzwischen 0,07 ha pro Einwohner.

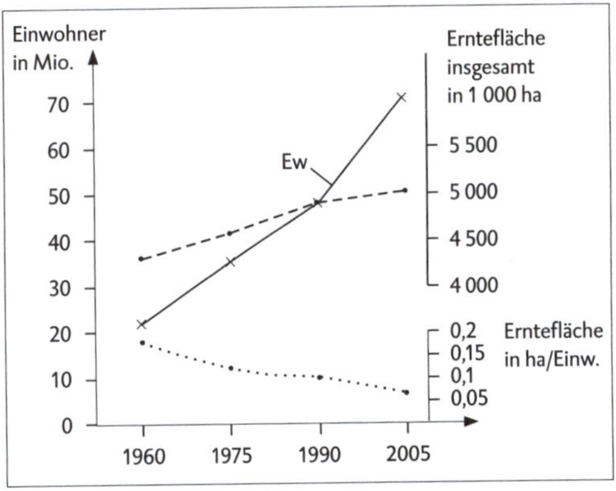

Entwicklung der Einwohnerzahl und Ernteflächen Ägyptens

Assuanstaudamm und New Valley Project

Um die Ernteerträge zu steigern, wurden verschiedene Maßnahmen ergriffen. Die wichtigste Maßnahme war die Fertigstellung des Assuanstaudammes 1971, mit dessen Hilfe man die hohen Schwankungen der jährlichen Nilflut ausgleichen konnte, die entweder zu **Wassermangel** oder zu **Überschwemmungen** führten und damit zu niedrigeren Erträgen. Außerdem ermöglicht der Staudamm die Bewässerung in der Niedrigwasserperiode, weil ganzjährig Wasser zur Verfügung steht. Da gleichzeitig das heiße Wüstenklima ganzjährigen Anbau zulässt, sind bis zu drei Ernten pro Jahr möglich. Dies ist auch der Hauptgrund für einen Anstieg der Erntemenge seit dem 19. Jh. um ca. 150 %, während die Agrarfläche sich nur um ca. 50 % vergrößert hat, v. a. aufgrund neuer Pumpen, die die Bewässerung von höher gelegenen Wüstenflächen am Rande des Niltals ermöglicht haben.

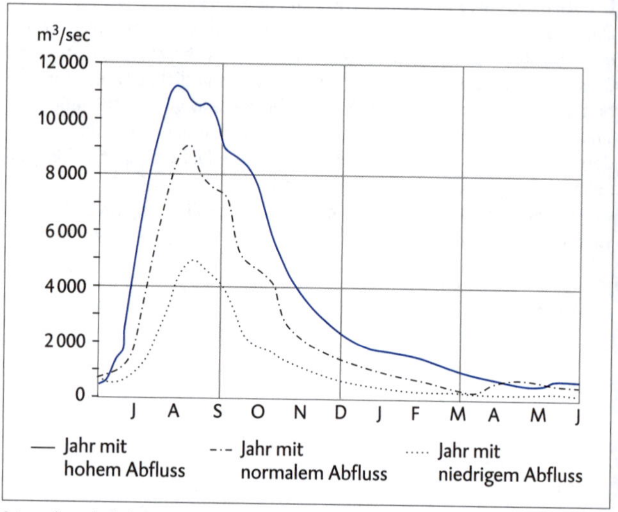

Saisonale und jährliche Schwankung des Nilabflusses bei Assuan

Weitere Vorteile des Staudammes sind die Verbesserung der Nilschifffahrt und die Gewinnung von Elektrizität. Der Staudamm deckt ca. 20 % der ägyptischen Elektrizitätserzeugung ab. Außerdem ermöglicht er die

Ausdehnung der landwirtschaftlichen Nutzfläche über das Niltal und seine Ränder hinaus zu den tiefer gelegenen Oasen El Kharga und El Dakhla mithilfe des Tushka-Kanals.

Bereits seit 1958 werden tiefe Grundwasserkörper – **fossiles Grundwasser**, d. h. Wasser aus früheren, feuchteren Klimaperioden, das sich nicht mehr erneuert – angezapft. Damit will man im Rahmen des **New Valley Projects** in der parallel zum Niltal bis zur Oase El Bahariya verlaufenden Senke 3,2 Mio. ha Agrarland gewinnen. Bisher waren die Erfolge aber relativ bescheiden und es konnten effektiv nur wenige tausend Hektar zusätzliche Nutzfläche gewonnen werden. Ob das Tushka-Kanal-Projekt, mit dessen Hilfe 4 200 km^2 Neuland erschlossen werden sollen, erfolgreicher sein wird, ist noch nicht abzusehen, weil mit seiner Durchführung erst begonnen wurde. Insgesamt hat sich in den letzten Jahrzehnten in ganz Ägypten die Agrarfläche aber eher reduziert. Zum einen geht durch das Wachstum der Städte, vor allem der Metropole Kairo, wertvolles Ackerland durch Verbauung verloren, zum anderen hat Ägypten große Probleme mit der Versalzung (vgl. S. 136). Vor dem Bau des Assuanstaudammes hatte die alljährliche Flutwelle auch das Salz der Felder ausgewaschen. Ein weiterer Nachteil des Staudammes ist, dass sich der fruchtbare Schlamm, der früher die Felder düngte, im Stausee absetzt, weshalb die Bauern gezwungen sind, auf teuren Kunstdünger auszuweichen. Zudem fehlt der Schlamm auch im Bereich des Nildeltas, wo durch **marine Abrasion** ebenfalls wertvolles Kulturland verloren geht.

Politische Reformen

Immerhin aber gelang es Ägypten unter Präsident Nasser, die produktionshemmenden rentenkapitalistischen Besitzstrukturen (vgl. S. 129 f.) mithilfe von **Bodenreformen** aufzubrechen. Der Staat verkaufte das beschlagnahmte Land von Großgrundbesitzern zu günstigen Konditionen an landlose Bauernfamilien und förderte die Gründung von Produktions- und Absatzgenossenschaften, um deren Abhängigkeit von Händlern und Großgrundbesitzern zu verringern. Das enorme Bevölkerungswachstum hat allerdings mit der in islamischen Ländern üblichen **Realerbteilung** (Besitz wird an alle Erben zu gleichen Teilen aufgeteilt) zu einer extremen Zersplitterung des Kleinbesitzes geführt – 90 % der Bauern besitzen weniger als 1 Feddan (0,42 ha). Dies stellt ein großes Hemmnis für die Mechanisierung und Rationalisierung der Anbaumethoden dar und trägt zur Verarmung der Landbevölkerung bei.

4.3 Indien

Indien, bis 1947 zusammen mit Pakistan und Bangladesch britische Kolonie, ist mit 3,3 Mio. km^2 das siebtgrößte Land der Erde und mit 1,198 Milliarden Einwohnern (Stand 2011) nach China das zweitbevölkerungsreichste. Es gliedert sich in die Hochgebirgslandschaft des Himalaja im Norden, die Aufschüttungsebene des Ganges und Brahmaputra, das Hochland von Dekkan mit den Randgebirgen der Ost- und Westghats sowie in die Wüste Tharr und das Indus-Tiefland im Nordwesten.

Vegetation und Landwirtschaft werden bestimmt durch den jahreszeitlichen Wechsel von feuchtem **Südwestmonsun** im Sommer und trockenem **Nordostmonsun** im Winter (vgl. S. 28 f.).

Indien weist mit Delhi (21,7 Mio.), Mumbai, dem früheren Bombay (19,6 Mio.) und Kalkutta (15,2 Mio. Einwohner) einige der größten Megastädte der Welt auf, die trotz des allmählich rückläufigen Bevölkerungswachstums (ca. 1,34 % in 2011) weiterhin dynamisch wachsen werden. Denn aufgrund der Armut auf dem Land, wo immer noch rund 70 % aller Inder leben, hält die Landflucht an.

Die Grüne Revolution in der Landwirtschaft

Eine der Ursachen für die Armut auf dem Land sind die sehr kleinen Betriebsflächen als Folge der **Realteilung**, aber auch der immer noch vorherrschende **Rentenkapitalismus** (vgl. S. 129 f.). Um die schnell wachsende Bevölkerung mit Nahrungsmitteln versorgen zu können, setzte die indische Regierung jedoch nicht auf **Bodenreformen**, die politisch schwer durchsetzbar sind, weil sich das meiste Land im Besitz der wirtschaftlich und politisch einflussreichen höchsten Kasten befindet (vgl. Kastenwesen S. 131). Stattdessen förderte die indische Regierung seit Mitte der 60er-Jahre den technologischen Fortschritt, die so genannte **Grüne Revolution**, die neben der Umsetzung der Ergebnisse der Agrarwissenschaft auch ein übergreifendes ländliches Entwicklungsprogramm zur dauerhaften Überwindung von Hunger und Armut auf dem Land beinhaltete. Folgende Maßnahmen wurden ergriffen:

- Einführung von Hochertragssorten, v. a. Hybridzüchtungen von Reis und Weizen, die resistenter, schneller wachsend und ertragreicher als herkömmliche Sorten sind. Inzwischen gibt es erste gentechnisch veränderte Sorten wie den „goldenen Reis“, der durch seinen hohen Vitamin-A-Gehalt Erblindungen durch Mangelernährung vorbeugt.

- intensive Nutzung von Dünge- und Schädlingsbekämpfungsmitteln
- Ausweitung der Mechanisierung durch Einsatz landwirtschaftlicher Maschinen
- mechanisierte Brunnenbewässerung
- Kreditbereitstellung und Subventionen
- Verbesserung der Infrastruktur (Straßen, Energieversorgung)
- Beratung

Die Grüne Revolution war insoweit erfolgreich, als die Erträge besonders bei Nahrungsgetreide und Zucker deutlich angestiegen sind und Importe überflüssig wurden. Außerdem gelang es durch den Aufbau von Reserven, Hungersnöte zu vermeiden.

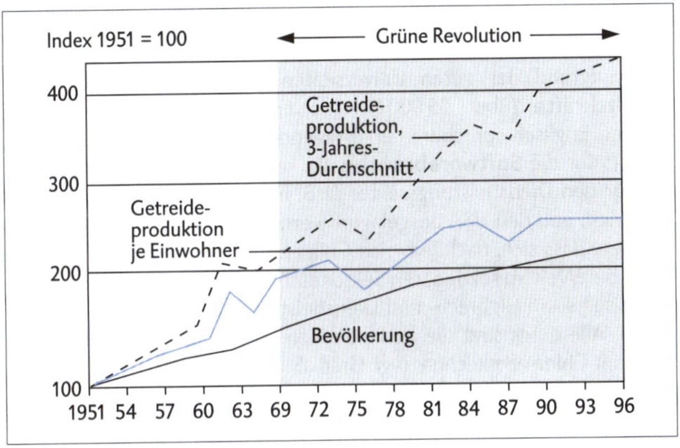

Getreideproduktion in Indien

Andererseits gelang es trotz des landwirtschaftlichen Wachstums nicht, die Probleme des ländlichen Raumes zu lösen. Die Großbauern profitierten von der kapitalintensiven, technisierten Produktionsweise weit überproportional, während Landarbeiter durch Maschinen ersetzt wurden und ihre Arbeitsplätze verloren. Die Kluft zwischen Arm und Reich und zwischen bewässerten und unbewässerten Regionen wuchs und hat zu einer Verschärfung der sozialen Spannungen geführt. Außerdem nehmen durch den intensiven Einsatz von Chemie und den hohen Wasserverbrauch die ökologische Probleme zu.

Industrialisierung und Globalisierung

Indien ist ein Land der extremen Gegensätze. Neben der verbreiteten Armut im ländlichen Raum, die durch die Grüne Revolution eher noch verstärkt wurde, gibt es auch in den Städten riesige Slums – und dies, obwohl der Wirtschaftsaufschwung der letzten Jahre das BSP/Kopf (kaufkraftbereinigt) auf immerhin 3 700 US-$ (Stand 2011) vervielfacht hat und Indien nach den USA, China, Japan und Deutschland zur fünftgrößten Wirtschaftsmacht aufgestiegen ist. Allerdings erreicht dieser zunehmende Wohlstand weite Teile der Bevölkerung (noch) nicht.

Begonnen hat der Aufschwung mit der **Marktöffnung** und **Deregulierung** im Rahmen der New Industrial Policy seit 1991, die viele ausländische Firmen angelockt hat. Für die international agierenden Konzerne, die im Rahmen der Globalisierung immer auf der Suche nach den günstigsten Standorten sind, bietet Indien mit seiner Vielzahl an günstigen, aber aufgrund der guten Universitäten auch **hoch qualifizierten Arbeitskräfte** (über 75 000 IT-Absolventen pro Jahr), die zudem fließend Englisch sprechen, hervorragende Bedingungen. Dies gilt besonders für die **Softwarebranche**, die um Bangalore konzentriert ist, und für den Dienstleistungssektor (z. B. für Call-Center, die aus Großbritannien und den USA ausgelagert werden). Viele Industrieländer befürchten, dass sich, nachdem sich China bereits als „verlängerte Werkbank“ der Welt im sekundären Sektor etabliert hat, nun weitere Arbeitsplätze selbst im Hightech- und Dienstleistungsbereich nach Indien verlagern. Allerdings sind die ausländischen Investitionen in Indien noch nicht mit China vergleichbar (vgl. Grafik S. 151).

Aber auch diese für Indien positive wirtschaftliche Entwicklung kommt hauptsächlich den traditionell gebildeteren, höheren Kasten zugute und verschärft die Kluft zwischen Arm und Reich. Als größter Nachteil für Indien im globalen Wettbewerb, v. a. im Vergleich zu China, erweist sich derzeit die **marode Infrastruktur**, insbesondere das mangelhafte und überlastete Verkehrsnetz. Trotzdem gehen die meisten Wissenschaftler davon aus, dass Indien in den nächsten 20 Jahren eine ähnliche Entwicklung durchlaufen wird, wie sie derzeit in China zu beobachten ist. Ob es Indien gelingt, dieses hohe Wirtschaftswachstum gerecht zu verteilen, sodass auch die ärmeren Bevölkerungsschichten davon profitieren, bleibt allerdings abzuwarten.

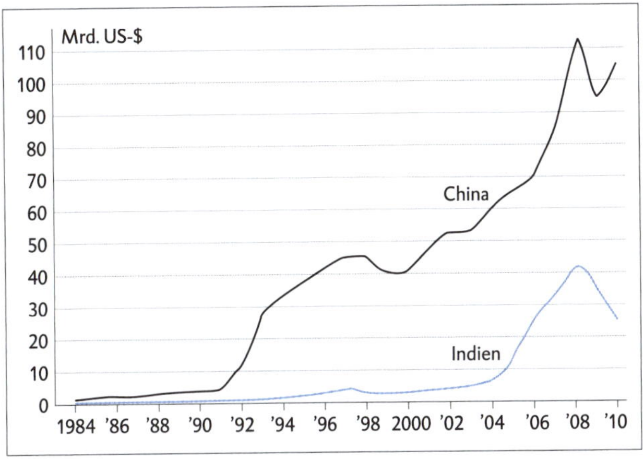

Ausländische Direktinvestitionen in Mrd. US-$

4.4 Brasilien

Erschließung und Disparitäten

Das Schwellenland Brasilien ist mit rund 8,5 Mio. km^2 der fünftgrößte Staat der Erde, aber mit 24 Ew./km^2 nur dünn besiedelt. Der größte Teil der 203 Mio. Einwohner lebt im Osten des Landes. Vor allem das riesige Amazonasbecken ist in weiten Teilen immer noch kaum erschlossen. Aufgrund der wirtschaftlichen Erschließung, die in der Kolonialzeit unter den Portugiesen entlang der Ostküste begann, befinden sich die großen städtischen Zentren wie Rio de Janeiro, Salvador und São Paulo direkt an der Küste bzw. in Küstennähe. São Paulo ist mit rund 19 Mio. Einwohnern das absolute Wirtschafts- und Finanzzentrum Brasiliens.

Historisch gesehen ist die Erschließung Brasiliens eine Abfolge von **Boom- und Bust-Zyklen**, die sich immer weiter ins Landesinnere schoben (vgl. Karte S. 154). Dabei exportierte Brasilien v. a. in Europa gefragte Rohstoffe, von Zucker über Kaffee bis zum Gummi. Während der Boomphase wurden einzelne Brasilianer wie die Zucker- oder Gummibarone sehr reich, während die arme Landbevölkerung aufgrund der Besitzstrukturen (vgl. Haziendasystem und Plantagen S. 130, 133) weiterhin arm blieb. Aufgrund veränderter Marktbedingungen durch reduzierte Nachfrage, Überangebot oder auch gestiegene Konkurrenz folgte auf jeden Boom ein wirtschaftlicher Niedergang (engl. bust), verbunden mit Arbeitslosigkeit. Der Gummiboom endete z. B. damit, dass es den Engländern durch Schmuggeln von Gummibaumsetzlingen und intensiven Plantagenanbau in Malaysia gelang, das brasilianische Monopol Anfang des 20. Jahrhunderts zu brechen. Besonders problematisch ist die Situation im relativ dicht besiedelten ehemaligen Zuckeranbaugebiet in Nordostbrasilien um Salvador und Recife. Diese Region wird häufig von Dürren heimgesucht und ist auch aufgrund der ungleichen Besitzverhältnisse mangels Bodenreform wenig produktiv. Einer der Hauptaspekte des **Transamazonica-Projektes** (vgl. S. 133) war deshalb der Versuch, den landlosen oder verarmten Bauern des Nordostens den Aufbau einer neuen Existenz in Amazonien zu ermöglichen, was aber aufgrund der schwierigen und ungewohnten naturräumlichen Bedingungen im tropischen Regenwald meist gescheitert ist. So bleibt der armen Landbevölkerung letztlich nur die Abwanderung in die Städte, v. a. nach São Paulo und Rio de Janeiro, wo sie sich in der meist falschen Hoffnung auf ein besseres Einkommen und Wohlstand in den Favelas niederlässt. Eine Gruppe von landlosen Bauern versucht außerdem, durch illegale Besetzungen von meist unbewirtschafteten Haziendas ihr Schicksal in die eigene Hand zu nehmen. Dies führt jedoch häufig zu bewaffneten Konflikten mit den Großgrundbesitzern, bei denen sich diese meist gewaltsam durchsetzen. Trotz all dieser Probleme steht selbst unter dem linksgerichteten Präsidenten Lula keine Landreform an und Brasilien bleibt eines der Länder mit den größten Gegensätzen zwischen Arm und Reich.

Exportorientierter Eisenerzabbau in Carajás

Brasilien ist nicht nur ein großer Exporteur von **agrarischen Rohstoffen**, sondern auch von **mineralischen Rohstoffen** wie Eisen-, Kupfer-, Mangan- und Nickelerzen. Besonders seit China in den letzten Jahren einen großen Bauboom erlebt, sind die Preise für diese Rohstoffe auf dem Weltmarkt wieder stark gestiegen, weshalb Brasilien derzeit zu den großen Profiteuren der **Globalisierung** zählt.

Das wichtigste Abbaugebiet befindet sich in der Serra dos Carajás im Bundesstaat Pará in Nordbrasilien. Zur Erschließung dieses Gebietes wurde 1980 das dreigliedrige Entwicklungsprogramm „Grande Carajás“ aufgelegt:

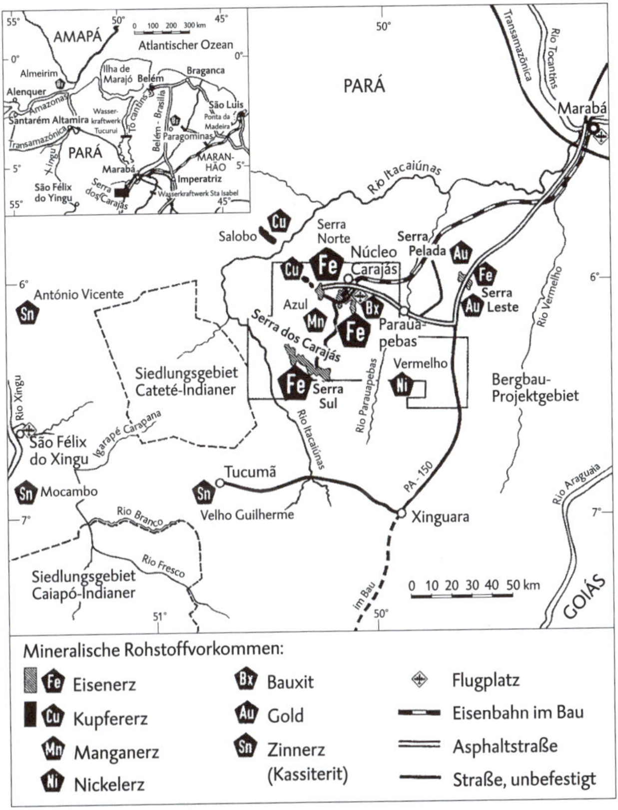

Mineralische Rohstoffvorkommen in der Serra dos Carajás

Neben dem Abbau und der Aufbereitung von Erzen hat man exportorientierte agroindustrielle Vorhaben gefördert und die notwendige **Infrastruktur** geschaffen. Eine 860 km lange Erzbahn zum neuen Tiefwasserhafen bei São Luis wurde gebaut und zur Energieversorgung, v. a. der Aluminiumhütten, wurde ein riesiges Wasserkraftwerk am Rio Tocantins errichtet. Da vor Errichtung des Staudamms die Wälder nicht gerodet wurden, entstehen aufgrund der Fäulnisprozesse toxische Gase. Andererseits werden die Wälder in weitem Umkreis zu Holzkohle für die Erzhütten verarbeitet, da Brasilien nicht über ausreichende Kohlevorkommen verfügt. Dabei wurde der tropische Regenwald großflächig vernichtet. Neben den ökologischen Problemen hat der enorme Investitionsaufwand für das Carajás-Projekt zusammen mit den noch höheren Kosten für das bis zur Fertigstellung des 3-Schluchten-Dammes in China größte Wasserkraftwerk der Welt, Itaipu in Südbrasilien, dazu beigetragen, dass Brasilien lange zu den am höchsten verschuldeten Ländern der Welt zählte. Anfang der 80er-Jahre musste Brasilien sogar seine **Zahlungsunfähigkeit** erklären. Kritisch zu vermerken ist zudem die relativ geringe Zahl von neu geschaffenen Arbeitsplätzen (47 000 direkte und 33 000 indirekte) im Verhältnis zur Projektgröße und zum hohen Bevölkerungsdruck, sodass auch bei diesem Projekt die Hauptprofiteure zur Ober- und Mittelschicht gehören.

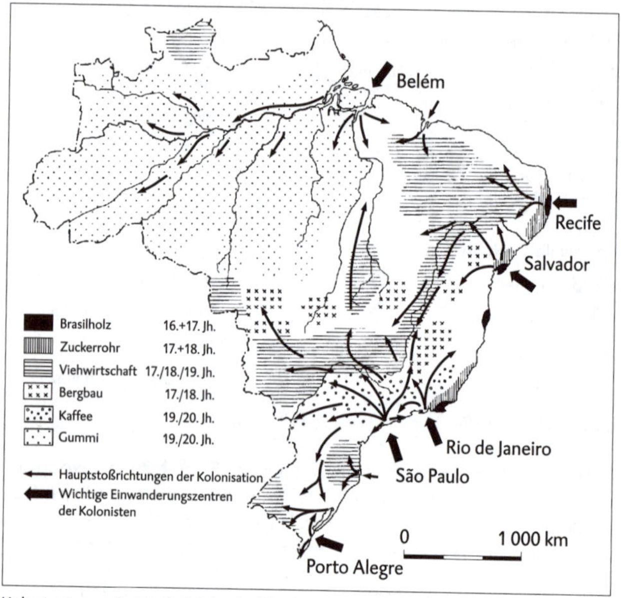

Kolonisation und wirtschaftliche Erschließung

5 Entwicklungsansätze und -hemmnisse

5.1 Theorien der Unterentwicklung und Entwicklungsstrategien

Modernisierungstheorie

Die wichtigsten Aussagen der Modernisierungstheorie:

- Die Ursachen der Unterentwicklung sind in den Entwicklungsländern selbst zu suchen, z. B. in den traditionellen, statischen Wirtschafts- und Gesellschaftsformen wie dem Kastenwesen in Indien oder in der mangelnden Erschließung von Rohstoffen.
- Die derzeitigen Entwicklungsprozesse in der Dritten Welt sind Übergangserscheinungen auf dem Weg zur Industrialisierung, wie sie auch die westlichen Industrieländer durchlaufen haben.

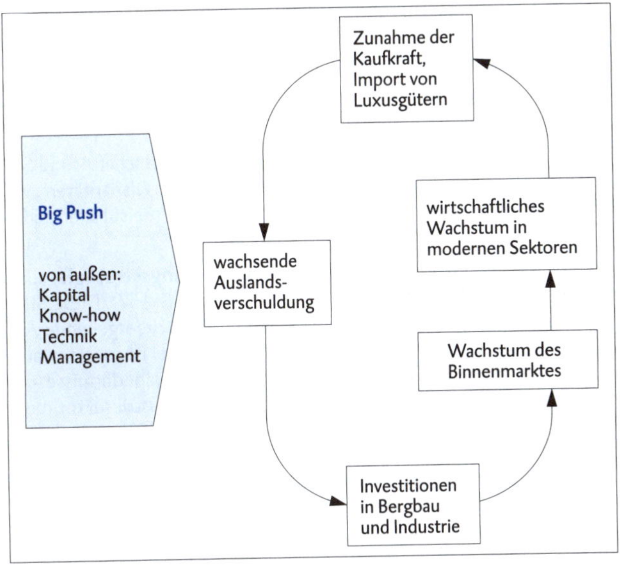

Entwicklung durch Modernisierung

Basierend auf der Modernisierungstheorie bietet die **Wachstumsstrategie** mithilfe eines von außen eingeleiteten Entwicklungsschubes, des **Big Push**, die Möglichkeit zum selbsttragenden Wachstum nach dem Vorbild der westlichen Industrieländer (vgl. Grafik S. 155).

Bei Variante A, Strategie des ungleichgewichtigen Wachstums, soll in regionale **Wachstumspole** investiert werden (Infrastruktur, Schlüsselindustrien), über die sich der Wohlstand mithilfe von Sickereffekten allmählich auch in der Peripherie ausbreiten soll. Bei Variante B, der Strategie des gleichgewichtigen Wachstums, geht man davon aus, dass sich ergänzende Investitionen in allen Wirtschaftsbereichen und Regionen nötig sind, um Disparitäten abzubauen und einen Ausbruch aus dem Teufelskreis der Armut zu ermöglichen.

Dependenztheorie

Die wichtigsten Aussagen der Dependenztheorie:

- Ursache der Unterentwicklung ist die seit der Kolonialzeit historisch gewachsene Abhängigkeit (Dependenz) der Entwicklungsländer von den westlichen Industrieländern, denen sie als Rohstofflieferanten und Absatzmarkt für Industriegüter dienen.
- Nach der Unabhängigkeit ehemaliger Kolonien wurde die politische Abhängigkeit durch eine wirtschaftliche ersetzt (Neokolonialismus).
- Während der Kolonialzeit wurden traditionelle Wirtschafts- und Sozialstrukturen zerstört und es entstanden regionale Disparitäten zwischen den von außen gesteuerten Brückenköpfen (meist Hafenstädte wie Lagos oder Bombay) und der Peripherie.

Auf der Dependenztheorie basiert die **Abkoppelungsstrategie**, auch **autozentrierte Entwicklung** genannt (vgl. Grafik S. 157). Diese Strategie strebt eine unabhängige Entwicklung durch vorübergehende Abkoppelung einzelner Sektoren vom Weltmarkt an. Ziel ist es, einen ausgewogenen Binnenmarkt zu schaffen, der die Grundbedürfnisse der ganzen Bevölkerung deckt. Der dazu notwendige Industriesektor muss aus dem traditionellen Handwerk und Gewerbe hervorgehen und arbeitsintensiv bleiben, während Export und Import lediglich der Ergänzung des Binnenmarktes dienen. Deshalb sind zum Schutz der heimischen Produzenten Zoll- und Handelsschranken notwendig. Ohne Hilfe aus dem Ausland war diese Strategie bisher nicht erfolgreich.

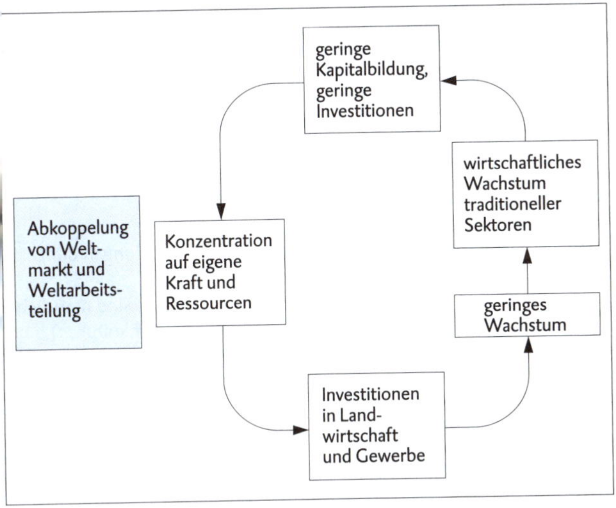

Entwicklung durch Abkoppelung

Grundbedürfnisstrategie und Sustainable Development

Nachdem sich gezeigt hat, dass bei der von den meisten Entwicklungsländern und den westlichen Industrieländern bevorzugten Wachstumsstrategie sowohl die regionalen als auch die sozialen Disparitäten zunehmen und ein großer Teil der Bevölkerung (weltweit ca. 1 Mrd. Menschen) in absoluter Armut lebt, d.h. seine Grundbedürfnisse nicht befriedigen kann, setzte in vielen Industrieländern ein Umdenken ein. Grundbedürfnisse, die im Sinne einer Bekämpfung der absoluten Armut erfüllt sein müssen, sind: Mindestbedarf an Nahrung, Kleidung, Unterkunft, sauberes Trinkwasser, sanitäre Einrichtungen, Gesundheits- und Bildungseinrichtungen, Verkehrsmittel. Dabei ist es wichtig, die betroffene Bevölkerung mit einzubinden und Hilfe zur Selbsthilfe zu leisten, sodass die Entwicklung auch unabhängig von den Helfern aus den Industrieländern weitergehen kann. Dies ist auch im Sinne eines Sustainable Development, also einer Strategie der **nachhaltigen Entwicklung**, deren Ziel es ist, eine langfristig tragbare Entwicklung zu fördern. Um dies zu erreichen, sind vor allem zwei weitere Faktoren notwendig: zum einen ein Stopp des Bevölkerungswachstums und zum anderen das Verhindern von Raubbau an den natürlichen Ressourcen. Der Erhalt einer lebenswerten Umwelt ist unabdingbare Voraussetzung für die langfristige Steigerung der Lebensqualität in den Entwicklungsländern. Sollte dies nicht gelingen, wird die natürliche Tragfähigkeit eines Raumes zerstört (vgl. Sahelzone S. 137).

5.2 Tourismus als Entwicklungsansatz

Einen speziellen Ansatz zur Behebung der Unterentwicklung in der Dritten Welt stellt der Tourismus dar.

Voraussetzungen für einen nennenswerten Tourismus sind natürliche (Klima, Strände), soziokulturelle (z. B. ehemalige Hochkulturen) und wirtschaftliche Faktoren (niedriges Preisniveau). Dazu kommen infrastrukturelle Faktoren wie günstigere Flugverbindungen und global angepasste Standards im Beherbergungsgewerbe. Da diese Faktoren in der Fläche der Entwicklungsländer nicht gegeben sind, kann Tourismus nur punktuell Impulse im Sinne einer nachholenden Entwicklung geben, die die gesamte Wirtschaft wachsen lässt. Da die Touristen aber häufig unberührte Natur suchen, bietet sich die Möglichkeit, periphere Räume zu fördern, wobei der Tourismus auch auf andere Wirtschaftszweige wie z. B. die Landwirtschaft ausstrahlt. Wie im Modell ersichtlich, unterscheiden sich diese **backward linkages** zu anderen Wirtschaftszweigen je nach Entwicklungsstadium eines touristischen Projektes und bieten auch den städtischen Zentren große Vorteile.

Positiv für die Entwicklungsländer sind auch die Deviseneinnahmen, wobei allerdings von den **Bruttodeviseneinnahmen** alle Ausgaben abgezogen werden müssen, die im Ausland getätigt wurden – von Zinsen für Kredite bis zum Import von Nahrungsmitteln für die Touristen. Da der Tourismus ein arbeitskraftintensiver Wirtschaftssektor ist, kann er zum Abbau der Massenarbeitslosigkeit und zur Hebung der Einkommen führen. Wegen ihrer geringen Qualifikation erhalten die Einheimischen aber überwiegend nur die einfachen und schlecht bezahlten Aufgaben, während das Management meist von Ausländern gestellt wird. Außerdem unterliegt der Tourismus häufig einer starken **Saisonalität**, d. h. die Angestellten werden nur für einen Teil des Jahres beschäftigt. Weitere Arbeitsplätze entstehen jedoch auch im informellen Sektor (z. B. Straßenhändler) und in der Gastronomie.

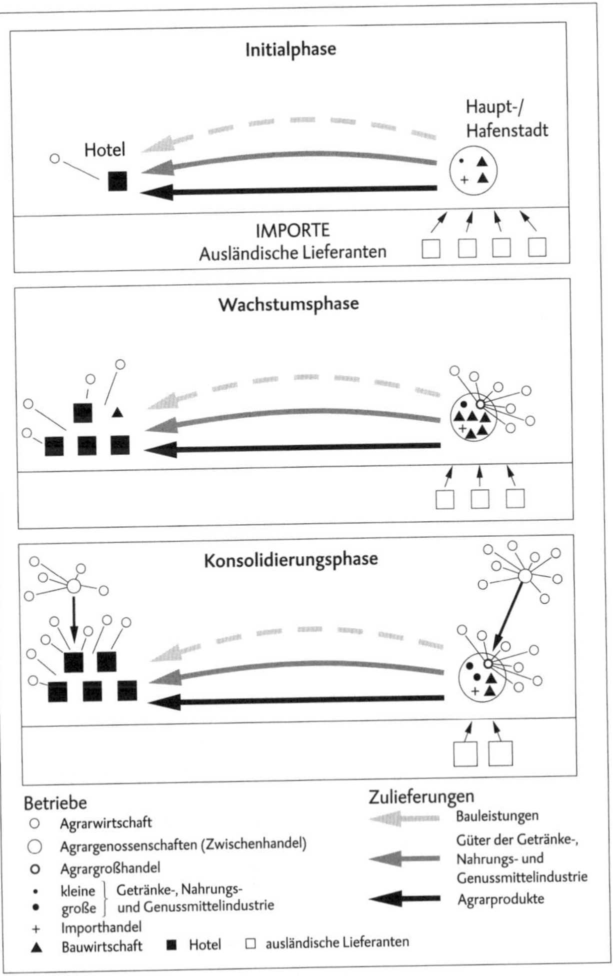

Bedeutung des Tourismus für die Regionalentwicklung

Allerdings leiden die Restaurants und Garküchen in der Umgebung vieler Hotelanlagen unter dem Trend zum **All-inclusive-Urlaub**, der den Touristen wenig Anreize bietet, ihr Hotel zu verlassen. Besser ist die steigende Nachfrage nach traditionellem Kunsthandwerk, das auf arbeitsintensiven Techniken basiert und keinen großen Kapitalaufwand erfordert. Insbesondere Frauen profitieren von den Einkommensmöglichkeiten im Tourismus und können mit seiner Hilfe eine größere gesellschaftliche Unabhängigkeit erlangen.

Neben den positiven Aspekten des Tourismus treten mit der Zeit aber auch immer mehr negative Auswirkungen auf. Zwar kann Tourismus gerade in Nationalparks zum Erhalt der Natur beitragen, aber v. a. der **Massentourismus** mit seinen Auswirkungen (Verbauung, hoher Wasserverbrauch, Müll, Abwasser etc.) belastet die Umwelt in den interessanten, aber ökologisch meist sensiblen Bereichen stark. Außerdem führt Massentourismus zu **Akkulturationsprozessen**, d. h. die einheimische Kultur und Lebensweise passen sich der der Touristen an und Traditionen gehen verloren. Eine umwelt- und sozialverträglichere Alternative zum Massentourismus stellt der auf Nachhaltigkeit ausgerichtete **Ökotourismus** dar. Er zielt darauf ab, dass der Gewinn aus dem Tourismus den Einheimischen und nicht Kapitalgebern aus der Hauptstadt oder den Industrieländern zugute kommt, wie es bei großen Anlagen des Massentourismus fast immer der Fall ist.

5.3 Welthandel und Terms of Trade

Der Welthandel (Waren-, Kapital- und Dienstleistungsströme) hat aufgrund von Verbesserungen im Transportwesen und in der Kommunikationstechnologie schon seit Jahrhunderten zugenommen. Er ist inzwischen, auch aufgrund von Innovationen wie Flugzeug und Internet, auf einem Niveau umfassender globaler Arbeitsteilung angekommen, in die auch die Entwicklungsländer eingebunden sind. Unternehmen können sich aufgrund der gesunkenen Transportkosten den weltweit jeweils günstigsten Standort suchen. Diese als **Globalisierung** bezeichnete Entwicklung bedingt, dass mache Gebiete zu den Gewinnern und manche zu den Verlierern zählen. Bisher waren die Entwicklungsländer meist die Verlierer, weil sich die **Terms of Trade**, d. h. das Verhältnis zwischen Import- und Exportvolumen, zu ihren Ungunsten verändert haben. Wenn Rohstoffe billig exportiert werden und höherwertige

Industriegüter teuer importiert werden müssen, wie das in vielen Entwicklungsländern der Fall ist, entwickeln sich die Terms of Trade für diese Staaten negativ.

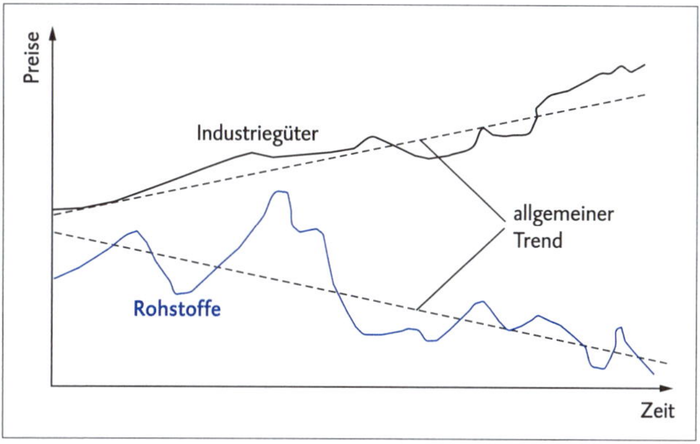

Schematische Darstellung der Preisentwicklung für Rohstoffe und Industriegüter

Inzwischen fürchten allerdings auch viele Industrieländer, zu Verlierern der Globalisierung zu werden, weil immer mehr Arbeitsplätze an **Billiglohnländer** wie China und Indien (vgl. S. 116 ff., 148 ff.) verloren gehen. Andererseits hat der enorme wirtschaftliche Aufschwung in China zu einem starken Anstieg der Nachfrage nach vielen Rohstoffen geführt. Dadurch sind die **Rohstoffpreise** entgegen dem langjährigen Trend in den letzten Jahren stark gestiegen, was besonders rohstoffreichen Ländern wie Australien und Brasilien (vgl. S. 151 ff.) Vorteile bringt. Zu beachten ist aber, dass sowohl in China als auch in Indien und Brasilien nur bestimmte Teile der Bevölkerung von diesen Entwicklungen profitieren. Insbesondere die arme Landbevölkerung bleibt benachteiligt, da sie kaum am Welthandel teilhat. Dasselbe gilt für die Entwicklungsländer und Regionen, die über keine Rohstoffe verfügen oder so peripher liegen, dass sie kaum am Welthandel teilnehmen können. Verstärkt wird dies noch durch Rechtsunsicherheit und Korruption bzw. politische Instabilität, die den Zustrom an ausländischen Investitionen verhindern. So zählt fast das gesamte afrikanische Binnenland zu den Verlierern der Globalisierung, da es am Welthandel schlicht nicht beteiligt ist.

Ein weiterer Faktor im Welthandel, unter dem viele Entwicklungsländer (besonders die Exporteure von agrarischen Produkten) leiden, sind die **Zölle** und **Handelshemmnisse**, mit denen die Industrieländer versuchen, vor allem ihre eigene Landwirtschaft vor der weitaus kostengünstiger produzierenden Landwirtschaft in den Entwicklungsländern zu schützen. Zwar ist die Welthandelsorganisation **WTO** bestrebt, diese Handelsbeschränkungen aufzuheben, doch bisher sind sämtliche Verhandlungsrunden am Widerstand der Industrieländer gescheitert.

5.4 Verschuldungsproblematik

Eine direkte Folge der großen Investitionsprojekte im Sinne der Wachstumsstrategie ist ein starker Anstieg der Verschuldung der Entwicklungsländer, die durch Entwicklungshilfe und Kreditbasis noch verstärkt wurde. Auch der im Rahmen der Globalisierung zunehmende Import von Industrie- und Konsumgütern, dem aufgrund der sich verschlechternden Terms of Trade immer weniger Exporterlöse entgegenstehen, führt infolge einer **negativen Handelsbilanz** zur Ausweitung der Verschuldung. Da aber bei den meisten Großinvestitionen im Rahmen der Wachstumsstrategie kein wirklich leistungsfähiger Binnenmarkt entsteht, der die Wirtschaft ankurbelt, weil große Teile der Bevölkerung von Großprojekten wie Carajás und Itaipu (vgl. Brasilien S. 153) nicht profitieren, geraten viele Entwicklungsländer in eine Schuldenfalle. Dies bedeutet, dass ein sehr großer Teil der Staatsausgaben für die Zahlung von Zinsen benötigt wird und nicht für wichtige Ausgaben im Bildungs- und Gesundheitswesen oder zum Abbau der Schulden zur Verfügung steht. Im Extremfall kann dies zur Zahlungsunfähigkeit einzelner Länder führen, wie in Brasilien Anfang der 80er-Jahre oder in Argentinien 2001/2002. Argentinien gelang es zwar, seine Schulden bei Privatpersonen durch ein Ultimatum um ca. 65 % zu reduzieren. Doch eine Stundung von Krediten und eine Umschuldung bei den großen internationalen Institutionen des **IWF** (Internationaler Währungsfonds) und der **Weltbank** waren in der Vergangenheit nur gegen strikte Auflagen zur Liberalisierung der Wirtschaft und zur Haushaltsanierung durch Sparmaßnahmen möglich, unter denen häufig die armen Bevölkerungsschichten am meisten zu leiden hatten. Außerdem haben sich diese Maßnahmen in Krisen wie der Asienkrise Ende der 90er-Jahre als kontraproduktiv erwiesen, weshalb IWF und Weltbank ins Kreuzfeuer der Kritik von Globalisierungsgegnern geraten sind. Zudem gibt es verschiedene Initiativen v. a. vonseiten kirchlicher Verbände, die für einen Schuldenerlass für die ärmsten Länder der Welt eintreten, bei denen ohnehin praktisch keine Chance besteht, dass sie ihre Schulden jemals zurückzahlen können.

Als Folge dieses öffentlichen Drucks haben sich die im Klub der G8-Staaten zusammengefassten reichsten Länder der Welt im Januar 2005 bereit erklärt, 18 der ärmsten Länder der Welt ihre Schulden bei internationalen Institutionen wie Weltbank und IWF zu erlassen.

5.5 Teufelskreis der Armut und Entwicklungshilfe

Die verschiedenen Faktoren der Armut verstärken sich teilweise selbst und bedingen einander. Aufgabe der öffentlichen und privaten Entwicklungshilfe ist es, dazu beizutragen, den Teufelskreis der Armut zu durchbrechen. Öffentliche Hilfe kann von einzelnen Staaten oder von internationalen Organisationen in Form von finanzieller oder technischer Zusammenarbeit geleistet werden.

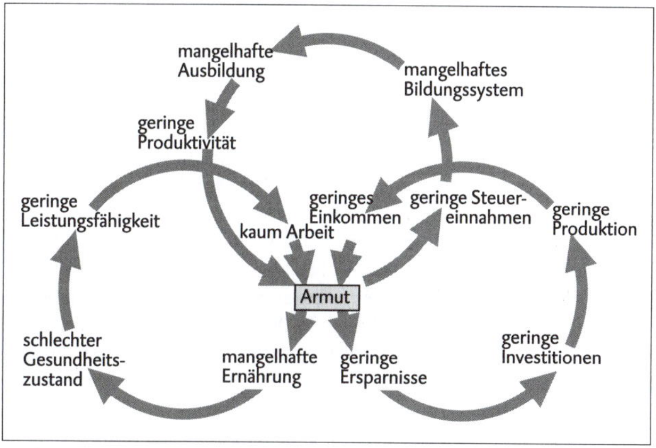

Teufelskreis der Armut

In Deutschland ist die **GTZ** (Gesellschaft für technische Zusammenarbeit) für die Planung und Durchführung von Projekten zuständig, während die Kreditanstalt für Wiederaufbau (KfW) die Finanzierung von Projekten kontrolliert. Die gesamte staatliche Entwicklungshilfe sollte nach Empfehlung der UN 0,7 % des BSP eines Geberlandes ausmachen, die meisten Industrieländer sind davon aber weit entfernt.

Schweden	0,98	Frankreich	0,39
Norwegen	0,88	Deutschland	0,38
Niederlande	0,80	Italien	0,20
Großbritannien	0,43	Japan	0,18
Schweiz	0,41	USA	0,18

Staatliche Entwicklungshilfe der wichtigsten Geberländer 2008 (in % des BNE); UN-Empfehlung: 0,70

Internationale Organisationen, die sich an der Entwicklungshilfe beteiligen, sind der IWF und die Weltbank, die langfristige, allerdings an Auflagen geknüpfte Kredite gewähren, und verschiedene UN-Unterorganisationen wie die FAO (Food and Agricultural Organisation), die UNESCO (UN-Organisation für Erziehung, Wissenschaft und Kultur) und das Welternährungsprogramm. Problematisch ist an der öffentlichen **Entwicklungshilfe** zum einen, dass die meisten Gelder als Kredite zur Verfügung gestellt werden und damit zur Verschuldungsproblematik beitragen. Darüber hinaus handelt es sich häufig um prestigeträchtige Großprojekte, bei denen an den Bedürfnissen der Bevölkerung vorbeigearbeitet wird. Oft versickert auch ein großer Teil der Gelder aufgrund der verbreiteten Korruption in dunklen Kanälen und hilft nur den herrschenden Eliten. Außerdem ist die staatliche Hilfe häufig an die Auftragsvergabe an Unternehmen aus dem jeweiligen Land gebunden, sodass ein Teil der Hilfe sofort in die Industrieländer zurückfließt. Diese Probleme sind seit den negativen Erfahrungen in den 70er- und 80er-Jahren bekannt. Gerade die deutsche Entwicklungshilfe versucht, sich mehr an den Grundbedürfnissen der Menschen zu orientieren und ihnen mit vielen kleineren Projekten **Hilfe zur Selbsthilfe** zu geben.
Damit passt sich die öffentliche Entwicklungshilfe der durch private Spenden finanzierten Hilfe von Organisationen wie Terre des Hommes und der deutschen Welthungerhilfe an, die sich auf die Verbesserung der Lebensqualität der Menschen in kleinen Projekten konzentrieren.

Besonders gefördert wird z. B. die schulische Bildung der Kinder, v. a. der Mädchen, oder die Versorgung mit sauberem Trinkwasser in einem Dorf. Ähnliche Schwerpunkte setzen auch kirchliche Einrichtungen wie Misereor (katholisch) und Brot für die Welt (evangelisch).

5.6 Fazit

Aufgrund der unterschiedlichen Ausgangsbedingungen einzelner Entwicklungsländer bzw. der einzelnen Regionen in den Entwicklungsländern (rohstoffreich oder -arm; Küsten- oder periphere Binnenlage; poliisch stabil oder von ethnischen Spannungen geprägt etc.) kann es keien allgemein gültigen Entwicklungsansatz geben. Eine Vielzahl von Urachen kann für die Unterentwicklung verantwortlich sein: klimatische Jngunst (z. B. Dürren), Überbeanspruchung der Böden (Degradation), veit verbreitete Krankheitserreger (Malaria), fehlende Infrastruktur, 'erbreitete Korruption, unzureichende Bildung, bewaffnete Konflikte tc. Daraus folgt, dass sich erfolgreiche Entwicklungshilfe auf die jeweigen lokalen Bedingungen und Bedürfnisse einstellen muss und die betroffene Bevölkerung mit einbindet und Hilfe zur Selbsthilfe leistet. Darüber hinaus sind bei Krisen wie nach dem Tsunami in Südostasien an Weihnachten 2004 rasch anlaufende, groß angelegte internationale Hilfsaktionen notwendig, weil Entwicklungsländer mit Katastrophen dieses Ausmaßes überfordert sind. Weiterhin ist es nötig, in Entwicklungsländern eine politische Kultur des **Good Governance** mit klaren echtsstaatlichen Regeln zu fördern. Das heißt unter anderem, dass die Regierungsführung transparent und effektiv ist und dass auch die Meiung von Minderheiten berücksichtigt wird. Das soll helfen, Korruption und Machtmissbrauch zu verhindern, was wiederum z. B. durch den rlass der Auslandsschulden „belohnt“ werden kann. Besonders den on Agrarprodukten abhängigen Ländern könnte man auch durch den Abbau der Zollschranken in den Industrieländern helfen.

Stichwortverzeichnis

Abbildungsnachweis

Jmschlag: Fotomontage auf Grundlage von © Laurent Hamels, PhotoAlto
1 (oben): Klohn & Windhorst 2000: Vechtaer Materialien zur Geographie 5 (Physische Geographie), S. 156
2: Weischet, W.: Einführung in die Allgemeine Klimatologie. Teubner Studienbücher 1977 Gebrüder Borntraeger, Berlin-Stuttgart, http://www.borntraeger-cramer.de
5, 16, 23: Klohn & Windhorst 2000: Vechtaer Materialien zur Geographie 5 (Physische Geographie), S. 197, 199, 211
21: Schultz, J.: Die Ökozonen der Erde. 2. Auflage 1995
27: Entwicklungsländer, © Cornelsen Verlag, Berlin 2002, S. 26
31: Deutsches Zentrum für Luft- und Raumfahrt (DLR)
36: nach Ott, J.: Meereskunde. Stuttgart, 2. Aufl. 1996
38: World Resources Institute: World Resources 1990 –1991, New York, Oxford 1990
3: nach: Intergovernmental Panel on Climate Change
8: verändert nach: Nefiodow, Leo. A.: Der sechste Kondratieff – die großen Märkte des 21. Jahrhunderts. In: Thomas, Hans und Nefiodow, Leo. A. (Hrsg.): Kondratieffs Zyklen der Wirtschaft. Herford, Verlag Busse Seewald GmbH 1998, S. 156
8: Burgess 1925, Hoyt 1939, 1963, Harris/Ullmann 1945
9: BBR, Bonn/Berlin
3: Harms Handbuch der Geographie, Europa, München 1978, S. 26
6: Ludwig Schätzl
7: BBSR Bonn 2012. Datenbasis: Laufende Raumbeobachtung Europa, Geohive, Vorld Gazetteer, UN, nationale statistische Ämter. Geometrische Grundlage: GFK GeoMarketing
2, 73, 77, 85: BBR, Bonn/Berlin
9: Bundesforschungsanstalt für Landwirtschaft, Fasterding, F., Rixen, D., Analyse der Beschäftigungsmöglichkeiten im Agrarsektor Deutschlands und Beschäftigungseffekte agrarpolitischer Maßnahmen, Arbeitsbericht des Bereichs Agrarökonomie Nr. 5, 2005
2: F. Thomas und R. Vögel, Gute Argumente: Ökologische Landwirtschaft, Beck´sche Reihe Nr. 378, Verlag C.H. Beck, München

90: © Rita Schneider-Sliwa, Geografisches Institut, Stadt- und Regionalentwicklung, Universität Basel
98, 103: aus: Mellor, E.H.: Sowjetunion. Harms Erdkunde Bd. III, 1972, S. 192
111: Manfred Pohl
124: http://hdr.undp.org/statistics/
132, 136: Fundamente Kursthemen Dritte Welt, Entwicklungsräume in den Tropen, Klett-Verlag Stuttgart 1990
138 (unten): Dieter Klaus (Trägheitspotenzial)
141: Günter Mertins, Fachbereich Geographie (Universität Marburg)
142: Wilfried Büttner
144: © Wolf Gaebe, Geographisches Institut der Universität Stuttgart
145: ohne Verfasser: Geographische Rundschau 36 (1984), H. 5, S. 219
149: Entwicklungsländer © Cornelsen Verlag, Berlin 2002, S. 66
151: United Nations Conference on Trade and Development www.unctad.org
153: Gerd Kohlhepp
154: Klett-Perthes Verlag GmbH, Gotha
157: Wilfried Büttner
159: K. Vorlaufer: Tourismus in Entwicklungsländern. Möglichkeiten und Grenzen einer nachhaltigen Entwicklung durch Fremdenverkehr. WBG, Darmstadt 1996, S. 9
163: Uwe Andersen
164: DAC Journal, Development Co-operation, 2005 Report, © OECD 2005

Der Verlag hat sich bemüht, die Urheber der in diesem Werk abgedruckten Abbildungen ausfindig zu machen. Wo dies nicht gelungen ist, bitten wir diese, sich gegebenenfalls an den Verlag zu wenden.

Jetzt mal BUTTER bei die Fische.
Feedback